Pietro Verri

Betrachtungen über die Staatswirtschaft

Aus dem Italienischen übersetzt

Pietro Verri

Betrachtungen über die Staatswirtschaft
Aus dem Italienischen übersetzt

ISBN/EAN: 9783743603776

Hergestellt in Europa, USA, Kanada, Australien, Japan

Cover: Foto ©Suzi / pixelio.de

Weitere Bücher finden Sie auf **www.hansebooks.com**

Betrachtungen
über die
Staatswirthschaft.

Aus dem Italienischen
des
Grafen Veri
übersezt,

mit Anmerkungen und einer Abhandlung
über Projecte begleitet

von

L. B. M. Schmid,

Hofrath, der Staatswirthschaft, Policey,
Finanz, und des Natur= und Völker = Rechts ordentl.
öffentl. Profeſſor in Heidelberg, der Kurpfälz.
phyſ. ökonom. Geſelſchaft ordentl. Mitglied.

Mannheim
in der Schwaniſchen Buchhandlung 1785.

Seiner

Hochfürstlichen Durchlaucht,

dem

Prinzen

Peter Friedrich

Ludwig

Erben zu Norwegen,

Herzog zu Schleswig, Holstein, Oldenburg ꝛc. ꝛc.

Coadjutor zu Lübek.

Meinem Gnädigsten Fürsten und Herrn.

Hochwürdigſter Durchlauchtigſter Coadjutor und Herzog, Gnädigſter Fürſt und Herr!

Der Grund, warum ich es wage, Ew. Hochfürſtlichen Durchlaucht dieſes Buch über einen Theil der Regierung, in Ehrfurcht zuzueignen, iſt theils meine tiefe und innige Verehrung, nebſt meiner unvergänglichen ehrerbietigſten Liebe gegen Höchſtdero Theure Perſon; theils die ſtille wirkſame Rechtſchaffenheit, womit Höchſtdieſelben um Sich herum Wohlergehen ausbreiten. Der herrliche ewige Unterſchied zwiſchen dem Schein und dem Seyn der Rechtſchaffenheit, der darauf beruhende unendliche und entſchei-

den.

bende Unterschied der wahren Glükseligkeit von
der falschen, welche einen dürftigen Genus
gibt, und zur größten Unzeit, wie dem Er-
wachenden ein schöner Traum, verschwindet:
dieser Unterschied ergezt dem Verständigen Auge und Herz, bey wem er sieht daß er seinen
Lebensplan auf denselben gegründet habe; Aber
wie weit mehr ergezt und nüzt es, wenn man
dieses bey Großen dieser Erde an ihren Werken
erkent. Bey welchen man noch mehr als
blos die gute Gemüthsart des redlichen Privatmannes; bey welchen man Geist und Herz,
Zwek und That des Regenten, sucht. Ein
Fürst, wie gewis ist Er seiner Wohlfahrt, wie
sicher nüzt sein Thun und Beyspiel, wenn Er
nichts dem Beyfalle, nichts der Geschichte zu
Liebe thut. Er fürchtet sich nicht vor den
Jahrbüchern; Er heuchelt nicht denselben.
Er ist Freund und Bundesgenosse der Wahrheit und des Guten: Seine Person genießt der-
en erleuchtendes und erwärmendes Licht; Sein
großer Wirkungskreis steht unter ihrem leiten-
den

den und befruchtenden Einflus; darum gedext.
Sein Gang, und andre viele werden durch
Ihn froh und rechtschaffen. Dies ist Seine
Glükseligkeit. Auf das übrige denkt und arbeitet Er nicht: Jenes, als das Vortrefliche,
besizt Sein Herz und Seinen Sinn, reinigt
veredelt erhebt leitet Seine-Absichten, und
macht sie muthig und fest; das Zufällige komt
selbst, und bey Ihm brauchts keiner Unter-
händler und Triebwerke, auf daß es an Seinen Namen geheftet werde, und Seinen Thaten als Schminke aufhelfe. Zumal da diese
sich nur erhält, so lange die Zeit wil, und
mit den ephemerischen Zeitblättern gleichen
Kredit, gleiche Dauer hat, und, etwan einst
mit als Material bey den Jahrbüchern gebraucht, einerley Leuterung mit ihnen, und
die unvermeidliche Scheidung des Scheins
vom Wesen, erfährt. Solche Fürsten sind
Wohlthäter des Menschengeschlechts. In
desto größerem Umfange, mit desto weiter
auch bis in die einsamen Hütten reichenden Ein-

flus,

flus, mit desto festerer Dauer, je ausgebrei=
teter Ihr Wirkungskreis, mächtiger Ihr An=
sehen, weitreichender Ihr Ohr und Auge,
volkomner Ihr Vermögen etwas auszuführen,
und auf Währung zu arbeiten, ist.

Ew. Hochfürstliche Durchlaucht sind ei=
ner dieser erhabnen Wohlthäter; einer der
Fürsten unsers deutschen Vaterlandes, über
welchen wir uns, als über ein gütiges und
theures Geschenk des Himmels, mit Grunde
freuen dürfen. Dieses zeuge ich aus geseztem
frohen Herzen, und mit Dank gegen Gott.
Höchstdieselben bekanten einmal: Je mehr ich
nach allem dem strebe, was meine Pflicht ist,
desto mehr werde ich überzeugt, wie gros mein
Ziel, und wie begrenzt mein Vermögen, ist.
Mein Wunsch ist deswegen, unter die Zahl
derer gezählt zu werden, die aufrichtig nach
Wahrheit und Gutem streben; nicht aber der=
er, die ein Muster zu seyn im Stande wären.
Dieses Bekentnis flos aus dem Herzen: vor
Gott

Gott bezeugt es die stille Zä[...] derer, welche die Früchte von solchen Gesinnungen genießen, und vor den Menschen zeugen davon die Werke, und die freye Verehrung, die so viele gegen Ew. Hochfürstliche Durchlaucht tragen, und täglich mehrere zur frohen Mitverehrung reizen.

Der Herr, unter dessen Hand alles zum algemeinen und besondern Wohl, und zu Seiner Verherrlichung zusammenhelfen mus, segne Ew. Hochfürstlichen Durchlaucht gegenwärtige und künftige Unternehmungen; und lasse Sie unter und nach allen Schwierigkeiten lebendig erfahren, daß Treue Geduld und Standhaftigkeit siegen, und überschwenglich belohnt werden. Er befestige in Dero Sele die hohe kräftige Empfindung, daß Er Sie würdig geachtet hat, an Seiner Stat die Wohlfahrt der Unterthanen erweitern und erhalten, und das Bekentnis der himlischen Lehre von der Gottseligkeit und die echte Weisheit, besonders in diesen Tagen des Unglau-

bens,

bens, beſchüzer zu dürfen; und daß rechtſchaffe-
ne Väter der Völker, und getreue Pfleger
Seiner Gemeinde, wie hier alſo im Himmel
erhabne Stuffen der Herrlichkeit beſizen werden. Er behalte Sie und Dero Theures Für-
ſtenhaus in Seiner Gnade; und auf einer ebnen und ſanften Bahn, in die ſich auch ein
rauher Weg für den der auf Gott hinſieht,
verwandeln mus, führe Er Sie zu dem unvergänglichen Ziel, nach welchem Sie unter
dem Glanze und den Laſten der irdiſchen Ho-
heit unverrükt ſtreben!

Ich verbleibe in tiefſter Ehrfurcht

Ew. Hochfürſtlichen
Durchlaucht

Heidelberg,
den 24 Horn. 1785.

unterthänigſter Knecht,
L. B. M. Schmid.

Vorbericht.

Der Verfasser hat mit dieser Schrift etwas Vortrefliches und das unter das Beste dieser Art gehört, geliefert, man mag die Sache selbst, oder das tiefe und richtige Denken, oder den Vortrag betrachten. Dieser ist so innig mit der Sache vereinigt, und geht so fest und unzertrenlich mit den Gedanken fort, daß ich mit Vorsaz dem Gang der Perioden, und dem Baue derselben genau gefolget bin, und ihn nur, wann es schlechterdings seyn muste, verlassen habe, aber auch da noch ihm so nah als möglich war geblieben bin. Sonst könte diese Uebersezung fließender seyn: doch hat dabey die Absicht des Buchs und das Ganze gewis weniger verloren, als es auf dem

an-

andern Weg, unter meiner Hand, würde verloren haben.   Wer sie gegen das Original,
mit der Sorgfalt womit man übersezen sol,
halten mag, der wird finden, daß sie mich
viel weniger Mühe und Zeit würde gekostet
haben, wenn ich sie weniger genau hätte machen, und mir mehr Freyheit erlauben wollen.

Auf Ersuchen, folgt hier eine Abhandlung, die ich bey einer öffentlichen Gelegenheit
neulich vorgelesen habe.

Heidelberg,
den 24. Horn. 1785.

Bey-

Beytrag
zu einem practischen Begrif
von
Projecten.

I

Betrachtungen über Projecte, sind nicht
blose Speculation oder Geistes- und
Gedankenübung. Projecte beziehen sich unmittelbar auf Praxin, und auf nichts anders
denn auf Praxin. Und Ihre Schuld ist es
nicht, wenn sie nicht oft in der öffentlichen
und Privatpraxi und Haushaltung Unordnung
anrichten, Reue nach der That hinderlassen,
und für ein theures Lehrgeld die kluge Regel
einprägen, daß man zuvörderst überlegen und
nichts ungeprüft vornehmen müße.

Ein Lehrer practischer Wissenschaften,
und ein Staatsmann oder Beamter, ist oft
in Gefahr von einem zweyer Abwege angezo-
gen

gen zu werden: und ihm komts doch zu, die
Mittelstrasse zu suchen, und nur Sie zu be-
treten. Seine Belesenheit; seine eigne feuri-
ge Einbildungskraft; der unter den Menschen,
sonderlich unter Gelehrten und Männern von
Routine, seltnere und daher zu kurz abgebroch-
ne Gebrauch der Beurtheilungskraft; die, an
sich löbliche, Vorliebe für sein Fach, auf das
sich daher gar leicht bey dem Manne alles beziehen mus; seine oft noch rohe ungeordnete
ungeformte Erfahrung; eine neue auffallende
und deswegen desto leichter hinreißende Erfahrung; ein angefangener gutgehender Versuch,
und der voreilige practische Schlus, man könne ihn bereits als ausgemacht annehmen, und
den Grundsaz, den man zum voraus gewünscht
herauszukriegen, sicher in die Praxin übertragen; der so fruchtbare und für den gesezten
Mann höchstnüzliche Umgang mit geschikten
Männern, aus dem aber der Rasche manchen
noch unreifen Gedanken mit wegnimt, und
ihn schon auf dem Wege nach Haus zum
Grundsaze stempelt: diese und andre ähnliche
Umstände sind sehr aufgelegt, dem Staats-
man-

manne und dem Lehrer Abwege und Projecte
hinzubilden, mit der sanften und ernsten Mine
der Tugend und Klugheit, der Menschen- und
Völkerliebe, des Allerbesten; und mit der zu-
versichtlichen Zusage, daß, ohne zu brauchen
den langsamen Gang der Väter zu gehn, ein
gemeinnüzigstes ewigdauerndes Werk übernacht
erschaffen werden, und volendet da stehn könne: und dies durch eine bey unsrer algemeinen
Aufklärung unschwere Kunst; die uns leicht
sey, den Voreltern aber unmöglich gewesen
sey, ungeachtet sie allerdings auch Männer gewesen seyen, allein eben VOR unsern erleuchteten Zeiten gelebt haben. Dieser bescheidne
Schaafspelz der Ichheit wärme und hege immer sein Kind, und gehe von Mann zu Mann
herum, nur die welche nicht in der Reihe stehen, und dafür dánken, ausgenommen: das
beste ist, daß unsre Väter dieses gütige Urtheil
entbehren können, und nicht brauchen, noch
so gelinde davon zu kommen.

Ich sage, ein Lehrer practischer Wissen=
schaften, und jeder, hoher sowohl als niedrer,
Staats-

Staatsbedienter, mus wissen, was Project und Nichtproject ist. Ja! damit müßen sie den Grund legen: wil anders jener nicht von seinen ehmaligen Schülern, und dieser nicht von seinem Volke und Nachkommen, verwünscht werden. Still und unbemerkt, und oft unter jahrelangem, auch öfters wiederkehrendem, Tadel, werden sie zwar arbeiten, und des übernächtigen Rufs, den aber der seiner Sache gewisse gerne mißt, ermangeln: aber, sie werden gewisse Tritte thun, nicht alle Tage Schrit= te, auch nur Schritte eines Mannes, nie kei= nes Riesen (Riesen braucht man nicht viele, ihre Füße würden umstoßen, unter einander werfen, manches zertreten); und was sie thun, wird im Ganzen genommen dauern, und stil= len ruflosen Nuzen stiften, den nur selten einer der ihn genießt, erkennet und verdankt, bey dem aber alle sich wohl befinden. Wünscht der stille Redliche, der Menschen- und Völker= freund, der echte ungeschminkte Regenten= und Ministerfreund, sich eine andre Beloh= nung? Zumal, da einst der Tag erwacht und da seyn wird, da auch die verborgne Recht=

schaf=

schaffenheit, die unerkante oft miskante und verdrehte gute Absicht, ans Licht kommen, und ewig und algemein bekant und erkant bleiben wird.

Wie aufrichtend, wie stärkend ist für den Staatsmann das innere Zeugnis: ich bin befliffen gewiffe Tritte zu thun, ich verschafte mir zuvörderst den Probierstein um zu wiffen, was thunlich oder unthunlich, nüzlich oder unnüze, Project und Nichtproject, sey; nie unternehme, nie rathe ich etwas meinem Fürsten, nie gebe ich Antwort oder Bescheid, ohne zuvor diesen Probierstein zur Hand zu nehmen; das Vaterland darf sich, so weit meine Kräfte reichen, auf mich verlaffen, gewis wird es auch Nuzen von mir haben; das Vertrauen meines Regenten wird nie von mir mit Wiffen getäuscht und gemisbraucht: ich besize ein Kleinod, die Zuversicht meines Herrn und des Vaterlandes, und dieses Kleinod bleibt mir, ich besize es mit gutem Gewiffen. — Mit welcher Wonne, einer Quelle von Geisteskraft und Muth, steht ein Lehrer, der mit dieser Grundlage seinen Unterricht vor Meynungen

und Einfällen zum voraus gesichert hat, unter
seinen Schülern. Nehmt, junge Freunde!
sagt da sein Herz in der Stille, die bescheidne
ungefärbte Nahrung an, möchte gleich das
Auge und das eußre Gefühl mehr Auffallendes
mehr Schimmer mehr Ausgezeichnetes begehren: ich kan das nicht, weil ich es mit Recht
verwerfe, und Euer inneres Gefühl spührt
doch, daß es echte kräftige Nahrung ist, und
je öfter wir beysammen sizen, desto mehr werdet Ihr es spühren; und einst in euerm Amte
werdet ihr es billigen, daß ihr mich lieb gehabt, und werdet meine Freunde bleiben.

2

Was nüzlich ist und zugleich thunlich, das
ist kein Project. Nur das Unternehmen,
der Vorschlag, der Rath, wo Weisheit und
Klugheit das Wort nicht führen, ist ein Project. Was nicht thunlich ist, nicht ins Ganze
paßt, wäre sein Schein von Nüzlichkeit noch
so blendend und kreischend: es ist doch ein Project. Ein Landwirth, ein Handwerker, ein
Schriftsteller nimt sich, jeder in seinem Theil,

ein

ein nützliches Geschäft vor, das in seine wohl-
angelegte Oekonomie von Landbau, von Werkstat, von Wissenschaften und Studien wirklich
taugt; einen Aufwand braucht, der vorhan-
den ist, und die Bestellung der andern Geschäfte nicht verkürzet: dies ist kein Project, wäre
es auch unscheinbar, oder wäre es etwas Un-
gewohntes, Befremdendes, ganz Neues. —
Unternimt er aber etwas, dessen Erfolg ungewis ist, das in den Plan seiner Berufsge-
schäfte nicht paßt, ihn verrükt, ihn wahr-
scheinlich verwirren und algemach zerrütten
wird, das seinen eigentlichen Geschäften seinen
Fleis Betriebsamkeit Ergebenheit, und den
übrigen Aufwand entzieht: dieses scheint (weiter können wir izund noch nicht sagen) es
scheint ein Project zu seyn. Ist der Mann
überhaupt als leichtsinnig überhinfahrend bekant, hat er wenigstens dieses Unternehmen
ohne Weisheit und Klugheit, ohne rechts=
kräftigen Zwek und ohne den möglichen Plan
angefangen, dann ist und bleibt er Projectant:
so glüklich auch, wie es etwan einmal ohne
des Pfuschers Schuld geht, das Ding auslau-

fen möchte. Iſt aber der Mann geſezt, iſt
Patriotismus bey ihm nicht im Munde ſondern
in der That, hat er anerkante Veranlaſſung
und Gelegenheit, iſt ſeine Abſicht nicht unüberlegt ſondern gut, hat er den möglichen
Plan gemacht, führt er ihn klug, (mit der
Klugheit nemlich, die den aufſtoſſenden Um-
ſtänden angemeſſen iſt, die Billigung der Natur, der beſten Richterin, erhält, wenn gleich
nicht immer des im vorbeygehn zuſchauenden,
des nach Hörenſagen richtenden) kurz, macht
er als weißer und kluger Mann gemeinnüzige
Verſuche: dieſer Mann iſt ehrwürdig, blieb
er auch gleich ſteken, verlöre er ſein Vermögen. Ein Project wars gewis nicht, woran
er Hand gelegt hatte.

Aber! Verſuche auf ſolche Art darf der
Staatsmann doch keine machen. Ruinirt ſich
ein Privatmann von der leztern Gattung mit
ſeinen Verſuchen, ſo iſts immer ein Uebel:
er iſt aber gegen andre die es bleiben laſſen,
wie Eins zu Millionen; und ſeine Verſuche,
volendet oder unvolendet, gelungen oder mis-
lun-

lungen, erweitern vielleicht wirklich den Kreis
nüzlicher Entwiklung, und der Erzielungen
der Hand und des Geistes: und bleibt auch
dieses Resultat nicht zurük, das ist doch unausbleiblich, daß die Klugheit, die große selt-
ne Kunst der eben so seltnen gesunden Vernunft, eine Sache glüklich zu führen und
auszuführen, daß die Methode eines Unternehmens und Geschäfts, dabey viel gewint.
Des Staatsmannes Versuche hingegen wirken
in einem über alle Vergleichung andern Kreise.
Versuche, die in einem Privatkreise glüklich
gingen, und deren Frucht daselbst von Dauer
wäre, leiden in einer Nation, und unter so vielerley und vielen Beamten, so viele Durch-
kreuzungen, daß die Sache oft unausführbar
wird. Und wenn sie auch den Erfolg erreichte
und hinbaute: es ist so vieles da, das den
Grund desselben nicht fest werden läst, so vieles das ihn von den Seiten und von oben her
anfält, daß er bald weg seyn wird. — Versuche im Staate, welche einen nicht glüklichen
Gang nehmen, oder einen ganz nicht erwar-
teten Erfolg hervorbringen, stiften vieltheili-

ges

ges und langdauerndes Unheil: vieles Gute
das da war, ist nun zertreten; manches das
nicht seyn solte, hat sich, wie es beym Neuen
geht, dazu geschlagen, und ist izt da, und
wil nimmer weichen; und die Frucht selbst, ist
nun einmal da, aber sie ist zur Last, nirgends
taugt sie, man weis nicht was damit anzufangen, oft mag man sie auch nicht, weil sie
viel gekostet hat, gleich wieder wegthun, und
überläst sie der Zeit. Indes reicht der schädliche Versuch, in einer ganzen Nation gemacht, nach Zeit und Raum unermes-
lich weit.

3

Die besondre Lokalität mus bey dem Staatsmanne, und die algemeine bey dem Lehrer
practischer Wissenschaften, die allererste
Grundlage seyn. Er mus das Land nehmen,
wie es ist; es nicht so voraussezen, wie er es
wünscht; es nicht so machen, wie sein Ich dasselbe verlangt und braucht: sondern es almählich bereiten. Bereiten, wie es werden kan;
und wie es, die Theile und das Ganze be-
trach-

trachtet, ſeyn ſol und mus. Er mus nicht
nur Menſchenkenner ſeyn, er mus Völkerken-
ner, er mus Kenner ſeiner Zeiten, er mus
Kenner ſeiner Nation und ſeines Landes ſeyn.
Pſychologie und Moral kan und wird ihm dienen: aber er hüte ſich, daß er ſie nicht anders
denn recht gebrauche. Das Ideal der hohen
Sittenlehre kan z. B. der Zwek ſeyn, den er
beym Geſchäfte der Nationalbildung zum Ziel
ſezt; die Regel, wonach er die Mittel der
Bildung muſtert; das Gewicht, womit er die
Nahrung der Sele, die der Nation ertheilt
werden ſol, wiegt. Aber, wann er die Männer und euſeren Mittel wehlt, durch welche
dieſe Nahrung zubereitet, und im Unterrichte
mitgetheilt werden ſol; wann er die Grenzen,
die Methode des Unterrichts überlegt um ſie
beſtimmen zu können; wann er die Perſonen,
denen der Unterricht beygebracht werden ſol,
erwiegt; wann ihm die vielen andern Geſchäfte und Pflichten, die ſie neben jener Pflicht
ebenfals erfüllen müßen, vor Augen ſtehen:
da wird ihm jenes Ideal nimmer völlig im
Geſichtspuncte ſtehen, denn er wird dieſen et-

was

was gerüft haben; da wo es ihm, wie vorhin gesagt, dienen solte, hat es ihm gedient,
hier aber würde es, wenn der Staatsman seinen Augenpunct nur auf Es richtete, und
die Mittel, die Personen u. s. w. unter diesen Punct zöge und nach ihm dehnte, Un-
möglichkeiten fordern, eitel Erziehungs- und
Bildungsprojecte erzeugen; und das Werk
würde entweder bald den Weg aller Hirnge-
spinste gehn, oder ein Volk hervorbringen,
das wie ein öder erstorbner Baum da stünde,
oder wie ein Baum, an dem Nichts denn
Saugäste wären, immer Blüthe und wieder
Blüthe, und nie keine Frucht.

Bey allen Staatsgeschäften, bey allen
seinen Einrichtungen, Verfügungen mus er
den Menschen, mus er seine Nation nehmen
wie sie ist. Da wäre ihm jenes Ideal ein
Irreführer. Nie mus der Gesezgeber bey den
Staatsanstalten rechtschafne, fromme Menschen voraussezen: wo wäre Zaum und Gebis
für die Schlimmen? Oder sol er für jede Gattung Unterthanen eigne Geseze geben? das

hieße,

hieße, das schrekliche Unkraut der Heuchelen von Obrigkeitswegen pflanzen, und den Richtern die Autorität geben, die Unterthanen nach Wilkühr unter die eine oder die andre Gattung zu sezen. Er mus seine Menschen so vorausezen, wie sie im Durchschnitte sind: sonst gehen seine mehresten Verordnungen schief, und viele gar nicht. Dies ist ein Grundsaz für den Staatsmann! hört er ihn nicht, so wird der Projectgeist sein Geleits= und Gewährmann.

Vieles Gute wäre leicht, das Land wäre bald durchaus gebessert, Dieser Fürst, Dieser Minister würde noch dessen allerwärtigen Blüheestand erleben: wenn Beamte, und wenn Unterthanen samt und sonders, ja, wenn sie nur im Durchschnitte, so dächten wie dieser Regent wie dieser Minister; ja, wenn sie alle so denken könten, wie er, so gebildet, so im Stande wären einzusehn und zu wollen.

Es sey den Regenten und den Staats-bedienten nicht zum Tadel gesagt: ich verehre

b 5   alle

alle Obrigkeit aus Einsicht und lebendiger
Ueberzeugung. Der Staatsmann mus bey
dem Regenten nur den mittelmäßig guten Wil=
len (einen Mittelwillen, um mich in der Folge
kurz auszudruken,) vorausßezen: gemeiniglich
ist der gute Wille des Regenten tiefer und fester,
höher und fruchtbarer. Bey der Canzley, bey
den Beamten, bey der Nation, darf er nicht
einmal immer im Ganzen den guten Mittelwil=
len vermuthen; zuzeiten mus er den im Durch=
schnitte noch unter dem Mittelwillen stehenden
guten Willen, nehmen wie er ist. Ich wie=
derhole es: wie er ist, mus er ihn nehmen.
Dann ist sein Plan, seine Verfügung gewis
kein Project. — Die Vermögensumstände
der Einwohner, nicht blos im Durchschnitte,
nein, von Klasse zu Klasse, und gleichsam von
Mann zu Mann, mus er vor Augen haben;
die natürliche Beschaffenheit des Landes; die
Fäden, und die Bande der gegenseitigen Be=
ziehungen zwischen seinem Lande und andern
Ländern; die Einflüße andrer Länder, nähe=
rer und entlegnerer, in sein Land: feinere und
zerstreutere oder einzelne Einflüße, z. B.
durch)

durch die Fremden, die in oder durch unser
Land reisen; durch Landessöhne, die andre Länder besuchen ꝛc.; die größeren, häufigeren,
zusammengesezteren Einflüße andrer länder,
z. B. durch den Buchhandel, Waarenhandel,
Mittheilung des Luxus, der Moden ꝛc.: wodurch in einem ganzen Welttheil ein gewisser
algemeiner Ton entsteht, der, wenn man ihn
straks vor der Stirne angreift, beynah so un-
nachgiebig, wie die Grammatik einer Natio-
nalsprache, ist, und dem Staatsmanne hart-
näkig die Dienste versagt, die dieser ihm durch
Seitenmittel abgewinnen könte. Alle diese
und andre dergleichen Umstände mus der
Staatsmann nicht blos wissen, sondern sie
bey seinem Staatsgeschäfte zum Grunde legen.
Wer das Weitere, so ich übergehe, dazu sezen
und überlegen mag, wird mit mir einig seyn:
Nur durch solche Grundlegung, könne der
Staatsmann, und der Lehrer jeder practischen
Wissenschaften, sich und die in welche er wirkt
und irgend Einflus hat, vor Geburten der
Einbildung, vor Projecten und ihren Folgen
sicher stellen.

4

So werden beyde gegen das Alte und Neue
unparteyisch: Alles ist ihnen recht, was wirk=
lich taugt, es sey alt oder neu. Oft werden
sie das alte unnütze finden, weil seine Zeit vor=
über ist, indem der Gegenstand, den es ab=
halten solte, ausgewurzelt ist und sich verloren
hat; oder weil der, den es zur Wirklichkeit
bringen mußte, da ist, den übrigen Theilen
des Ganzen sich eingefügt hat, und durch die
algemeine Ordnung genug erhalten wird.
Oft werden sie dem Alten das Neue an sich,
vorziehn: aber es noch hinlegen, bis die Zeit
für es da ist, wo ihm alsdenn, wenn sie klug
erwartet wird, das Alte von selbst Plaz ma=
chen wird. Oft werden sie das Alte so, wie
es durch die Zeit verdreht und beschmuzt ist,
untauglich, schädlich; oft werden sie es in das
übrige, das nach und nach anders geworden
ist, nicht mehr passend, finden. Also werden
sie es verwerfen? Nicht immer! Ihr Probier=
stein zeigt, daß es mit gehöriger Gestaltung
oder Modification nüzlich bleiben könne; ja
manchmal, daß es durch nichts Besseres zu
erse=

erſezen wäre, und doch, wenn man es weg-
räumte, ſeine Stelle nicht leer bleiben dürfe,
wie es doch mehr als oft zu gehen pflegt, ſo
daß dieſes Reinwegräumen beynahe ſcheint ein
Grundſaz zu ſeyn der feinen Freyheit zu denken,
die manchen heutigen Verbeſſerern eigen iſt.

Sicher geht die Natur immer vorwärts,
vervolkomnet unaufhörlich, und ununterbro-
chen. Aber, ſie hat ihren eignen Gang. Den
wir nur merken, und den der Forſcher der
Menſchen- und Weltgeſchichte, der dem könig-
lichen Wege der göttlichen Regierung nach-
ſpührt, nur in einzelnen Bruchſtüken wahr-
nimt; alzeit aber, je mehr er entdekt, deſto
mehr bekent, daß ihm ihre Methode uner-
gründlich bleibe. Das aber zeigt ſich, daß
Aufklärung, und andre Fortſchritte der Men-
ſchenangelegenheiten nicht einen gemeinſchaft-
lichen Parallelgang unter den Völkern halten.
Dieſe uralte und noch immer wirkliche Erſchei-
nung iſt ganz natürlich und bedingt-nothwen-
dig, aber zugleich auch hiſtoriſch-gewis. Bey
dem Volke iſt dieſes Voranſchreiten mehrere
Jahr-

Jahrhunderte sichtbar: da in dieser Zeit, bey andern Nationen ein Rükgang, oder ein kurzes Stillestehn, oder ein Sturz handgreiflich ist. Ein algemeines, durchgängiges Parallelfortschreiten ist also nirgends; es war nie; es wird in Ewigkeit nicht seyn: die zahllose Mannigfaltigkeit leidet es nicht, und die weise Absicht der Mannigfaltigkeit wil es nicht. Dies ist eins! Das andre: Ein ununterbrochenes Voranschreiten bey einem Volke, gibt es auch nicht. Uebereilt wäre also das Urtheil, und eine Stimme der Ichheit: „wir müßen weiter seyn, als unsre Väter und Grosväter, weil wir später, als sie, da sind; in allen Theilen weiter; in allen Theilen in gleicher Proportion weiter; weil alle Theile in gleicher Proportion zu gleichschrittigem Voranrüken präparirt und fähig gemacht sind; endlich, in gewißen Wißenschaften hatten noch unsre Väter, von denen wir unterrichtet wurden, grundirrige Begriffe und zu Grundsäzen dienten ihnen Meynungen, denen wir schon als Jünglinge, sobald sich die Freyheit zu denken in uns rührte, begunten zu mistrauen und ihre Schwachheit anzumer-
ken.‟

ken. „ Dem eigenliebigen Menſchen iſt es
natürlich, ſo zu urtheilen: denn die Zeit, wo
wir leben und wirken, mus ja die beſte ſeyn.
Wir belachen und beſtaunen, und oft mit
Recht, manche Sachen und Thorheiten andrer
Völker, oder unſrer Voreltern; wir geben
uns überhaupt den Vorzug vor den Vätern,
und andern Völkern: meynen wir aber, ſie haben von ſich nicht juſt ſo gedacht, wie wir von
uns, und geglaubt, ſie thun es mit Recht,
ſo was verſtehe ſich ohne Beweis. Laſſen wir
es ihnen gelten? Hat aber alsdenn auch unſer
Urtheil von uns, ſo ſeine Richtigkeit? Würden jene, wenn ſie nach uns kämen, nicht von
uns gerade ſo urtheilen, wie wir von ihnen?
Wie verkehrt mus der Menſch ſeyn, daß er
in dieſer allerbeſten Schule der Beſcheidenheit
und Demüth, mitten unter den Fragmenten
und den Trümmern des Menſchenbeſtrebens,
dieſen Zeugen von den Mängeln Schwachhei-
ten und Gebrechen der Völker und des Menſchen, und der Vergänglichkeit ſo mancher Men-
ſchenwerke, nichts anders lernt, als ſich für
den auszuſchreyen, der endlich, und zwar in
ziem-

ziemlich frühen Jahren und ohne Mühe, die Weisheit erfunden habe, die so viele Menschengeschlechte vergeblich gesucht hätten. Aber der höhnische, leichtfertige, oft verleumderische Ton, der solchen Lehrern der Nationen eigenthümlich ist, zeugt von einem Verstande und Herzen, die nicht die Wohnung und Werkstat der reinen liebvollen Weisheit und der Ordnung seyn können.

In dem großen und algemeinen Gange der Natur in Europa und Deutschland, ist, vor unsern Augen wenigstens, mehr als eine Revolution in den Arbeiten des Geistes und Herzens und seiner Früchte vorgegangen. Eine Revolution, ein Sturz. Anstat eines Höhersteigens, finden wir, wenigstens ein mal, ein Sinken bis auf den Boden. Glaubten es aber die Genossen jener Zeiten? Die Wage, womit sie das von den Vorfahren geerbte wogen, hielten Sie für richtig: halten Wir sie auch dafür? Beklagen wir es nicht schmerzlich, daß sie die beste Nachlaßenschaft der Griechen und Römer von den Pergamenten abschabten, und mit künstlicher Hand Dinge dar=

darauf schrieben, die wir kaum nennen mögen? Beseufzen wir es nicht, daß die Lieder der alten Deutschen untergangen sind? Ein Menschen-alter verwundert sich, wie ein anders Men-schenalter diese von Karl dem großen so sorg-fältig gemachte Samlung so sehr verkennen, und sie dem Zahn der Zeit habe preis geben können. Ihr Urtheil über die Vorfahren war bey ihnen richtig; für eben so ausge-macht hielten sie es, daß die Ueberlieferungen, die sie mit so starrem Fleis aufschrieben, den künftigen Jahrhunderten baare Weisheit und köstliche Nahrung für Geist, Geschmak und Herz seyn würden. Ich weis und fühle den Unterschied unsrer Zeit von jener. Der in-nere Werth unsers Jahrhunderts zeugt durch That und Frucht. Selbst die Geschichte, und die natürliche Folge daraus, sagt gleichsam, daß unser Zeitalter reich an Realitäten seyn müße: denn eine vieltheilige mächtige Revo-lution folgte endlich auf jenes Sinken, die vergraben gewesenen Schäze der Griechen und Römer und jede verdrängt gewesene Weisheit wurden aufgegraben, und ausgebreitet; mäch-

c   tige

tige Stöße in Reichen und Ländern waren
vorangegangen, und durch heilsame Erschüt-
terungen reinigten sich die Länderverfassungen,
und sezten sich fest. Die Menschengeschlechte
in Europa müßen also seitdem vorwärts ge-
schritten seyn; und unser Menschenalter mus
auf einer schönen Stuffe stehn. Nichtsdesto-
weniger mus jenes Sinken jedes Geschlecht,
es mus folglich uns auch behutsam machen,
damit wir nicht als bewiesen voraussezen, daß
alles was wir, geerbt oder selbsterworben, besizen, volkommen sey; und alles und jedes
volkomner als das vorige. Solten wir nicht
jedes Erzeugnis unsrer Zeit, jedes Neue vorher genau, mit der Genauigkeit die jedem in
seinem Theil nöthig ist, prüfen, bevor wir es
in die Wirkungsökonomie des Geistes und des
Staats verbürgern, oder es durch selbstge-
nommenen Besiz bürgerlich werden lassen?
Möchten wir wohl für alles und jedes, das
unsre Zeit, so viel an ihr ist, den Nachkommen zum Erbe bestimt, die Gewähre überneh-
men, daß es echt sey? für alles und jedes,
das oft izund so lauten, so wohlfeilen, so

despo-

despotiſchen Beyfal erhält, daß der beſcheidne
Bezwenſter der und jener Neuerung und ſtand-
hafte Beſizer ſeines alten Eigenthums der un-
beſcheidenſten Mishandlung ausgeſezt iſt, ungeachtet ſonſt der Weisheit und Tugend Beſcheidenheit und Würde eigen iſt. Möchten
wir, ich wiederhole es, für alles und jedes
Gewähre leiſten? Dies mus jedem Gewiſſen-
haften das Gewiſſen ſchärfen, daß er ſich in
dem Selbſtwirken in dem Verbeſſern in dem
Annehmen der Neuerungen und in der Verachtung des Alten ſo verhalte, daß er in ſeinem
Theil, von den Zeitgenoſſen und den Nachkommen, in Abſicht auf das Gebaute und die Materialien, Dank verdiene, und nicht den Vor-
wurf, dieſer habe auch unterlaſſen wenigſtens
den unbrauchbaren Schutt zu vermindern, der
da habe auch dazu beygetragen, daß man
izund ſo viel wegzuräumen habe, jener ſey auch
mit Schuld daran, daß izt die rechten Geſichtspuncte verrükt, manche verſchüttet ſeyn, und
daher die Zeit hinausgeſchoben ſey, wo man
endlich in dem Ganzen und in den Theilen, der
Richtigkeit mithin einem alſeitigen Blüheſtande
nahe kommen werde. c 2 Es

Es gibt Zeiten, wenn man in Jahrhunderte von Europa und Deutschland zurükdenkt,
wo Revolutionen, Veränderungen im Grunde selbst und in Hauptsachen, nothwendig waren. Die Zeiten die bis dahin reichten, machten es nothwendig. So aber waren doch eins
oder zwey der leztverflossenen Jahrhunderte
bis an das unsrige hin, nicht; so ist auch die
erste Helfte unsers Jahrhunderts nicht gewesen. Werden sie aber nicht von dem izigen
herrschenden Zeitton beynahe so behandelt,
wie wenn die zweyte Helfte dieses Jahrhunderts eine algemeine Erwekungsrevolution nach
einer langen unmächtigen Schlafsucht angefangen hätte, wie wenn sie das Mannsalter
des lezten Jahrtausends wäre? Dies macht
mich behutsam, daß ich überhaupt gegen die
Seite jener, welche seit etlichen Jahrzehenten,
in so manchen wichtigen Angelegenheiten des
Geistes und Herzens Grundveränderungen vorschlagen und sogar zum Theil thätlich versuchen,
und ihre Vorschläge Erleuchtung der Zeit
selbst betiteln und betiteln hören, nicht hinhän-
ge; sondern mich ganz gegen die andre Seite
hin-

hinlenke: und zwar, wenn ich die Sache überhaupt betrachte.   Sehe ich aber die Gestalt
solcher angeblichen Grundverbesserungen, ihre
Einrichtung und Wirkungskraft, die unver-
holnen Absichten von denen sie ihr Daseyn haben, das unreife übereilte Wirken ihrer Urheber, das Betragen ihrer meisten Urheber und
Parteygänger: dann bleibe ich, wo ich bin,
und bin froh; daß ich da bin, denn da kan
ich sichere Tritte vorwärts thun; dort aber
sieht man beynahe nichts denn Projecte, deren
das Publicum anfängt satt zu werden; und zu
spühten, daß es für eine kernlose frische Scha-
le, seinen nahrhaften Kern, wie es Neugierigen geht, verachtet und weggelegt hat.

§

Immer weiter kommen (ich wiederhole dieses
Bekentnis mit frohem Herzen) immer weiter
kommen, nie stille stehen, das Alte ausbessern,
verbessern, neubeformen, Neues machen,
Wege zu Neuem für die Zukunft ausstecken und
zum Theil bahnen ꝛc. ist der glückselige Wohlfahrt bringende Grundtrieb der ganzen Schöp-

fung;

fung; das heilige unerschöpfliche Erbtheil, das
der gute Schöpfer der Schöpfung im Ganzen
und Algemeinen, dem All, zugeeignet, und das
er in jedes einzelne Geschöpf geleget hat: wodurch es sich selbst, und alles beglüken kan,
und zwar so, daß solche wechselsweise beglükende Einflüße sich von Theil zu Theil, dem
Raume nach, ganz herum und der Zeit nach
immerhin, verbreiten, und keine Grenze nie
antreffen. Wer diese hohe Bahn gehen wil
(für alle ist sie da, und der Beruf sie zu gehen,
ist nicht wilkührlich!), wie ehrerbietig mus er
seine Hand ans Verbessern streken, wie heilig
mus ihm jeder Gegenstand seyn, den er wagen wil um eine Stuffe höher zu rüken, ihn
tiefer hinein in das All fördern zu helfen, ihn
inniger wirkend zu machen. Da dieses Fördern, der Wille des Schöpfers an jeden ist,
wie bescheiden würden die Menschen seyn, wenn
sie den Werth dieses Berufs lebendig bedäch-
ten, die oft so aufgeblasen sind, sy von Selbst-
vertrauen überfließen; wie viel kleiner würde
die Zahl unbefugter Vorschläge seyn, wie weit
weniger würden sie so ganz unangefragt und
unbe-

unbeſchrieen unter den Menſchen herumwan-
deln können; aber alsdenn auch, wie weit
ungehinderter würden überlegte Vorſchläge angenommen und angewandt werden, und das
was ſie in ſich haben und vermögen, entwikeln und fruchtbar machen können.

Es iſt immer ſchwer, einem Privatmanne in ſeiner Wirthſchaft, mit Nuzen, drein
zu reden: ungleich ſchwerer iſt es aber für einen Privatmann, in Staatsſachen, wo faſt
alles weitausſehend iſt, einen Vorſchlag zu
thun. Daß dem ſo ſey, beweiſt ſchon überhaupt der ſo nichtige Gehalt und die Unbrauch-
barkeit ſo mancher Vorſchläge und Urtheile in
und über Staatsangelegenheiten. Denn,
gar nicht oft komt es von Gleichgiltigkeit, von
Schläfrigkeit der Regierungen her, daß ſo
viele Vorſchläge ungenuzt bleiben; nicht von
Unkunde der Staatsleute, wenn der und jener
Vorſchlag in der Ausführung ſteken bleibt.
Beſonders aber erſcheint die Schwierigkeit
Staatsvorſchläge auf der Stuffe eines Privat-

man-

mannes zu entwerfen, aus diesem Umstande,
daß dieser Mann nicht viel weiter als seinen
Gesichtskreis haben kan, daß ihm die Lokalität mangelt, die hingegen dem Staatsmanne bekant ist. Hier, d. i. in Sachen, wo
Kentnis des zu bearbeitenden Gegenstandes
und Erfahrung von allen damit zusammenhän-
genden Dingen nöthig ist, entscheidet nicht
Genie des Mannes, große Belesenheit, feu-
rig gutes Herz u. s. w. den Werth seines Vor-
schlags. Ein großer, aber bloser Mathema-
tiker, hat in der Medicin keine Stimme: dies
gesteht jedermann. Möchte man diesem Grundsaze überal getreu bleiben, und eignes Urtheilen außer seinem Fache, zumal bey practischen
Gegenständen wo es von Folgen ist, unterlassen; und aus demselben Grunde unbefugten
Richtern nicht sogleich beyfallen oder nachbe-
then. Möchte dieser Saz in der Praxi immer algemeiner werden: daß nicht Genie,
wahres oder vermeyntes, sondern daß Kentnis und Uebung, zum Mitwirken in practischen und Geistesangelegenheiten zum Mit-
stimmen, zum Lautreden, zum Entscheiden
berech-

berechtige a). So hätte Apelles nicht gebraucht, den Schuster in seine Werkstat zu
weisen. Wie ruhig und unzerstreut würde Jeder sich seinem Beruf ergeben; wie viel seltner
würden die Menschen einander stöhren, und
zerzerren; wie viel schneller würde alles mensch=
liche Wirken, wie viel gestimter auf Einen
Zwek, voranschreiten; wie viel weiter müßten
wir seyn; mit wie viel größerer, gewisserer,

c 5   inni=

a) Perspicuum est, fieri non posse, ut integram
Prudentiam civilem sine discrimine quilibet
e vulgo adolescens vel juvenis plene con-
sequatur. Idque quoniam isthæc ætas haud
solet vulgo ab experientia virtute & judi-
cio sufficienter esse instructa. Enimvero
seris venit usus ab annis. Et solet ætas isthæc
animi affectibus esse multum obnoxia. Ex-
actum quoque judicium ætas demum largi-
tur virilis. . . . . . . Etsi reperiantur præ-
cocia quædam ingenia: rarum tamen hoc
est. Sed & illi quoque . . . tamen experientia omnibus numeris absoluta, qualis
ad integram scientiam requiritur, ut in-
structi sint, fieri non potest. Vid. *Herm.*
Conringii Propoliticorum Cap. XII.

innigerer Gemüthsruhe würden wir die Früchte des gemeinschaftlichen Menschenfleißes be-
sitzen; wie weit algemeiner und ausgebreiteter
würde der Genus solcher Früchte werden; selten würde es algemeines Aufhalten, und algemeine Stilleständе geben; stürzende Revolutionen würden wohl unbekant, erwekende Revolutionen nur selten nöthig, seyn.

Indes ist die Freyheit, auch in andern
Wirkungskreisen bescheiden zuzusehn und zuzu-
hören, und seinen Erfund sittsam zu sagen,
niemanden benommen. Ein anders ist sie
hat keine Grenzen, und ein anders, der eigentliche Beruf ist jedes seine Grenze. Beydes, ist die Sprache der Natur nicht. Wer
unüberlegt, mit grundlos-vermeynter Kentnis,
oder mit selbstbewußter Unkentnis über eine
Sache Vorschläge thut, den nent die Natur
selbst unbefugt, das heist, er ist Projectant.
Wer aber, als Freund der Wahrheit und des
Menschenwohls, auch außer seinen Grenzen
sich umschaut, Kunde und Erfahrungen sammelt, sie läutert, und dann seine Gedanken

reif

reif werden läßt: deſſen Gedanken verdienen
den Namen eines Projects keineswegs, ſondern den Namen eines Vorſchlags. Da bleibt
aber der Mann auch ſtehen, er wirft nicht ſeine
Meynung, und vor Haſtigkeit ſich ſelber mit,
ins Publicum hin, höhnt und überſchreyt die
Befugten nicht, macht keine Parteyen, und
dringt ſich nicht auf. Warum ſolte ers
thun? Iſt es ihm darum zu thun, zu nuzen:
ſo hat er ja Seinen Beruf, wo er weis, daß
er nicht vielleicht ſchadet, ſondern daß er gewis nuzen kan.

Der Philoſophe darf Ideale machen,
und, nachdem er ihnen Zeit zum Reifwerden
gelaſſen hat, ſie mittheilen. Es iſt dem menſchlichen Geſchlecht ein wahrer Dienſt. Er darf
ſich über alles, was er verſteht, ausbreiten,
über die Wirthſchaft, die Künſte, die Regierung, kurz, über alle wirkliche, und mögliche
Gegenſtände der Hand und des Geiſtes. Seine Ideale, wären ſie von noch ſo hohem Stil,
noch ſo unerreichbar: ſind ſie nur wahr, ſo
ſind ſie, als Ideale des Philoſophen, keine
Pro-

Projecte. Er mus da aber auch sich blos für
Philosophen, und sein Ideal für nichts denn
Ideal ausgeben. Sobald er sich als den Führer der Regenten und des Menschengeschlechts,
als Gesezgeber, kurz, im Grunde als öffentliche Person, betrachtet; sein Ideal als Vorschlag ansieht, es dafür ausgibt, es als pium
Desiderium ausruft und empfichlt, winselt,
über schlechte Regierung, über entrissene Freyheit und dergleichen klagt: dann ists Project,
und er ist Antipode vom wahren Weltweisen.
Bescheiden, sittsam seyn, zuvor bedenken,
(was es sey, das Publicum lehren wollen, seine Ideale nicht so aus der Luft greifen und
von der Hand schlagen; und wenn er über Geseze und Regierung philosophirt, das Herkommen, die längst-bestandne Ordnung ehren,
in den Gesezen und Ordnungen das Eigenthum und die Freyheit der Unterthanen, und
den rechten Arm der Regierung, respectiren:
das thut der echte Philosoph, und als solcher
ist er vor Projectireren sicher. Wahrer Welt-
weiser ist, mit Socrates, ein bescheidner ruhiger, stiller Mann; nicht brausend-wohlthätig;
das

das Gegentheil vom Rührigen Aufrührigen
und Störer. Er ist bedachtsam, wiegt fleis-
sig ab, vergleicht, weis, was Verhältnisse
und Beziehungen sind und zu bedeuten haben.
Er verehrt sie, und weis daß das Ganze durch
Ordnung und Zusammenpassung seiner Theile
besteht; daß Verhältnisse und Beziehungen,
durch einen weisen Zwek bestimt, die Ordnung,
diese Quelle der Glükseligkeit, ausmachen.
Aber, er weis auch, daß sie dem einen Theil
was nehmen, dem andern was geben, diesen
hie den da jenen dorthin sezen; daß also, wenn
das beglükende All und Ganze der Mitgliedschaft wirklich werden und bestehen sol, ein
Theil nicht alles, an und für sich mögliche,
haben darf. Möchte dies jenen beyfallen,
die sich und andre wegen verlorner Freyheit beklagen; wie auch den andern, welchen solche
angehörte Seufzer oder Verleumdungen ins
Herz dringen, und ihnen den Genus der gewis glükseligen bürgerlichen Geselschaft ver-
bittern. — Möchten dieses Manche vor
Augen haben, welche Ideale über menschliche
und bürgerliche Angelegenheiten entwerfen, und
dies

dieselben nebst Methoden zu ihrer Wirklichma-
chung, nach der hohen Kunst ausbilden. Wie
manche Plane über Erziehung, über einzelne
Theile der Wirthschaften und Gewerbe, über
einzelne Gegenstände der Policey, der Finanz,
der Rechtspflege u. s. w. würden Proportion
haben, dadurch brauchbar seyn, und gebraucht
werden. Aber, der vorhingemeldeten Regel
entflogen, steigt der und jener in die Beschau-
ung hinauf, und bildet seinen practischen Gegenstand so, als wenn Der die einzigste Angelegenheit des Menschen, des Bürgers, und
des Staats wäre; und fordert so viel, daß
das ganze Ding außer aller Proportion, daß
es ein Ungeheuer, ist, nirgends taugt, und
alle Zeit und Aufwand, die unter so vielerley
andre wichtige Angelegenheiten zu vertheilen
sind, ganz an sich ziehen und verzehren würde.
So sieht der, oft gutherzige, mit Gram, seine Mühe vereitelt, und das viele Gute, dessen
er an seinem Entwurfe sich bewußt ist, verloren: aber, warum hat er ihn so gemacht,
daß er zu dem Ganzen der menschlichen Geschäfte sich verhält, wie eine Hand, die so

gros

gros wäre als der ganze Leib? In einer öffentlichen und Privatwirthschaft darf ein Geschäft
es nicht allein, nicht alles seyn. Die andern
müßen auch, und zwar gehörig, getrieben
werden. Denn durch sie kan jenes erst möglich gemacht, gegründet, gefördert, erhalten
werden; sie helfen, daß es nuzen kan: Ihnen aber mus es hinwieder denselben Dienst
thun, denn sie haben dasselbe Recht da zu
seyn, wie es, und eben den Anspruch an seine gliedschaftliche Hülfe, wie es an die ihrige:
ohne sie also, ist es wahres Project. Sehr
gros würde die Zahl der Projecte seyn, wenn
alle Vorschläge und Plane, alle Tadel und
Seufzer über Landesanstalten auf dieser Wage
gewogen würden.

Systeme. Man weis, wie unzehlich
die Gegenstände und die Verhältnisse in dem
Reiche der Wahrheit überhaupt; und wie zahl-
reich besonders die Beziehungen sind, wodurch
die Geschäfte und Angelegenheiten des Menschen und des Staats, die für sich wieder in
großer Menge sind, zusammenhängen. Ueberdies

dies ist jede Beziehung in stetem Wechsel; hat
jede ihr Eigenthümliches.   Solte es daher
nicht schwer, oder besser, unmöglich seyn,
Systeme zu bauen; und nicht nüzlicher, einen
möglich guten Unterricht, eine getreue geprüf-
te sichere Lehre, sich da, wozu man im Stande ist, zum Zweke zu sezen? Solche Theorien, würden sie nicht dauerhafter, nicht leichter und häufiger zum Nationaleigenthum werden, und von dem Zeitalter des Verfassers
vielleicht manchmal den Nachkommen als Ver-
mächtnis für Jahrhunderte übergeben werden?
Da würde das Niederreißen und Eigenbauen
seltner werden: hingegen würde das einander
in die Hand arbeiten, das Fortfahren wo jener stehn geblieben, zum algemeinen Ton werden; und zur Ehre des Gelehrten, oder Künst-
lers, oder Wirths: wie es denn wirklich wahre Ehre ist, denn es ist Gehorsam gegen die
Natur, die uns Fortgang von Stuffe zu
Stuffe zum Geseze gemacht, und dazu Handreichung und Mitgliedschaft zwischen den Zeit-
genossen unter sich, und zwischen Vorfahren
und Nachkommen, anbefiehlt.

Fried-

Friedlich solten sich Theorie und Praxis
betragen, und sich in einander schiken. Der
Theorie aber mag wohl der erste Schrit zur
Harmonie zukommen, denn sie hat ja ihren
Siz an der Quelle der Weisheit: sonst ist sie
nicht Theorie. Sie respectire die wahre Praxin, und traue ihr Weisheit zu, und Klugheit. Weisheit: denn diese, wie alles Wissen
und Lehren und Bessern, komt aus Erfahrung
und aus Geistes- und Herzensübung. Klugheit: diese mus der Practiker ungleich mehr
besizen, als der Theoretiker. Die Theorie be-
scheide sich, daß es in der Theorie leichter sey
auszuführen, als in der Praxi: daher schmä-
he sie Praxin nicht, wenn sie nicht so hurtig,
so genau, so ausgefeilt geglättet und volendet
ist, wie sie; und auf das thue sie ein für allemal Verzicht, die Praxin je dahin zu bringen,
oder es ihr zuzumuthen. Die Praxis verehre
sie Theorie. Denn gute Praxis ist alzeit an-
gewandte Theorie, sezt Theorie voraus, und
führt zur Verbesserung der vorhandnen Theorie; sie bahnt den Weg, und sammelt die Materialien und den Zeug zu neuen Theorien.

d   Was

Abhandlung.

Was macht so manches Werk der alten
Griechen und Römer so ausgezeichnet gros?
Der Verfasser war in dem Umgange mit der
Theorie und Praxis aufgewachsen, hat diesen
Umgang bis an seinen Tod gepflegt, und ist dadurch der große Staats- und Geschäftsmann
geworden. Konte er was anders als Großes
niederschreiben? Die Praxis erinnert die Theorie, daß sie Cautelen und die Regeln der Be-
hutsamkeit nicht vergessen, sondern fleißig ein-
schärfen solle: wodurch eine Theorie erst ihre
Modification und Anwendbarkeit erhält, und
in Kredit komt. Aber, gleichwie ein Gesezgeber, so ist ein Theoretiker eußerst selten: das
Heer der Nachmacher, die es keinen Hehl haben, und das Häuflein der Nachkünstler, mit
dem Anstrich von Originalität, machen Ihre
Klasse von Männern aus; die Theoretiker sind
für sich, und ihre Stuffe ist ungemein ehrwürdig. Unter den gleich ehrwürdigen Namen
des practischen Mannes, darf sich auch nicht
alles was practicirt, hinziehen. Wie es im
Kriege gegen viele die zu Anführern der Frey-
bataillonen und zu Partheygängern taugen,

nur

nur Einen Heerführer gibt: so ist die Zahl der klugen Practiker gegen den Haufen von Practikanten klein.

6

Wirklich ist eine Zeit von durchgängiger Gährung. Dies ist Boden und Luft für die Projectirerey. Glükliche Zeiten, wo alles in Gährung ist! Nein, nicht glükliche, sondern unglükliche Zeiten! Jede Periode von Gährung ist, so lange sie dauert, ein Durcheinander. Aber, glükliche Zeiten folgen unausbleiblich. Dies ist der unveränderliche Gang der Natur.

Nur komts darauf an, wers erlebt. Denn oft ist die Periode der Gährung, nach Menschenmaas, sehr lange. Gewöhnlich besteht sie, zumal wenn sie sehr algemein ist, aus etlichen einzelnen Zeiträumen. Z. B. zuerst eine nach und nach algemein werdende Aufrührung, Zweyfelsucht, Hypothesenzeit, ein alles durchsuchendes Wühlen, alles verrükendes Umformen und Umkehren. Darauf eine Periode von Stillestand: natürlich, nach der Er-

mat-

mattung und Erschlaffung, Abnuzung und
Außerlagesezung so sehr vieler Theile. Dieser
Zeitraum kan oft lange währen; und ist eine
Zeit von Schlafsucht, Abgeschmaktheit, von
unordentlicher Masse, wo fast alles wüst und
leer ist, wo meistens nur Gewaltthat und Bos-
heit thätig ist, Finsternis herrscht und wirkt.
Wir wissen in der Völkergeschichte eine solche
Zeit, die über einen großen Theil des Menschengeschlechts ausgebreitet war, und auf
mehreren Menschenaltern unsrer Voreltern
bleyern, schwerdrükend und giftignagend, gelegen hat. Aber, Natur bleibt alzeit Natur!
Sie wirkte fort, benuzte selbst das Sehnen
nach Hülfe, als einen heilsamen Stos zur Be-
lebung, und brachte wieder Ordnung, Gefühl
für Kern und Wesen und für Menschenwürde,
und zwekmäßiges Wirken hervor: da wards
wieder Morgen und Licht. Mittag steht noch
bevor. Wie es in der Natur vom Morgen
bis zum Mittage weit kürzer ist, als die lange
Winternacht: so können wir hoffen, daß nach
unsrer izigen Gährung keine, wenigstens keine
langwierige alle Theile bedekende, dunkle Zeit

kom-

kommen werde: Wahrheitsgefühl, Gründlich-
keit, sich nicht irren lassen, ist zu algemein in
unsern Zeiten, zu mächtig, und nur eine mäßi-
ge Zahl in Betracht des Ganzen läst sich von
dem Ferment ergreifen und auflösen. Wir
mögen also erwarten, daß bald nach der Gährung die Zeit des Mittags da seyn werde.

Vor dem Mittage mag aber Manches
geschehn. Möchte vielleicht die Gährung auch
in Kanzleyen dringen, und in Beamten rüh-
rig werden? So würde dann die Praxis selbst,
Sie, die im Rufe ist der Theorie nicht ganz
hold zu seyn, gar von Projectirerey, dem
Abschaume und Kehricht der Theorie, ergriffen, und in den Wirbel der Mode und des
Modernen hineingerissen. Da und dort ist ein
Beamter bereits in seinem Amte Projectma-
cher; und manche zwey oder drey überschreyen-
de Glieder eines Kanzleycollegii, wo doch der
einmalige Ton und Gang fester ist, handeln
und stimmen projectirisch, und sezen es durch:
wie dann der Projectant immer intolerant ist.

Pro-

Projectireren aber in der Regierung, ist Despotismus. Und dazu der fürchterlichste unter allen. Schreklich ist jeder Despotismus. Denn im Geseze besteht die Weisheit des Regenten, sein sicherer Trit, das einfache Mittel, Millionen Menschen, wie Einen, zu Einem Zwek zu führen, folglich seine beglükende Saat. Auf dem Geseze ruht und besteht die Freyheit des Unterthans, die Glükseligkeit jedes Gesezmäßigen. Gesezlosigkeit, ist für die Regierung und den Unterthan das Gegentheil. Gesezlosigkeit, d. i. entweder practischer oder verfassungsmäßiger Despotismus. Der individuelle Wille, die jedesmalige Stimmung des Obern ist da, wo kein Gesez ist oder gilt, das Gesez. Anstat Gesezes, d. i. dessen das am unveränderlichsten seyn mus, ist da das Wandelbarste Vorschrift für Millionen. Despotismus ist also ein freyes Feld der Gewaltthat. Da weis aber auch jeder, der Gewaltübende selbst, daß dies Gesezlosigkeit ist. Hingegen Projectireren bey den Handhabern der Gewalt, hat die Mine des Gesezes, die Farbe und Gesichtszüge der allerbesten Geseze; ver-

führt

führt den projectirenden Gewalthaber, infon-
derheit wenn er gutherzig ift, leicht zum feften
Glauben, daß feine Projecte der Kern der Ge-
feze feyn. Und dann ift Despotismus auf
Seiten der Oberen, Sklaverey auf Seiten
der Untergebnen, bis an die Geburt gekommen. Die Meynung, durch die es fo weit
gekommen ift, hält zu feft, und verliert fich
izo noch nicht: es wird alfo ausgeboren. Aber
die Luft, die Wärme, der Boden, der Thau
und Regen der Natur, der Beyfal Misbey-
fal Unbeyfal felbft der Vorübergehenden, die
doch immer im Ganzen an der Natur halten,
ift diefem Wefen nicht günftig: es ftand fchnell,
wie ein Schwam, da, fieht, gleich dem
Schwamme, weniger fchlim aus als es in fich
ift, und in kurzem ift es weg.

7

Projectirfucht reißt natürlich und unausbleiblich ein, wo bey Vielen Unzufriedenheit mit der
von den Voreltern zubereiteten Erndte, und
Meynung daß ihre Methode nichts tauge, auf-
kömt; und wenn diefes, wie es geht, durch

Nachäffen almählich algemein und überhand-
nehmend wird. Es versteht sich: überhand-
nehmend unter dem kreischenden seichten Theil
des Publicums, welcher der unreifen unberu-
fenen Masse von Lehrern zuhorcht, und ungeprüft oft auch ohne prüfen zu können, alles
was von Diesen komt, als echt aufnimt. Da
wird nach und nach Ohrenjuken, Unzufriedenheit mit dem was da ist, Mistrauen gegen Alles was man von den Vätern hat, Gering-
schäzung dessen was die Stillen Bescheidnen
thun und sagen, Neugier alle Tage, Leere und
Oedigkeit, Nahrungslosigkeit des Geistes immer sichtbarer und wirksamer unter dem Theil
des Publicums, der nicht blos, wie das stille
gutthätige Licht, zu leuchten sucht, sondern
auch versichert daß er leuchte; und unter dem
Theil, dem, aus inneren Ursachen, Nichts
gut schmeken kan. — Ruhmsucht, erwekt
durch das Zuschauen, wie den Kreischern ihr
Pöbel zufält und mit Haufen zuläuft, ergreift
Manchen, der nicht fest genug und mit der
Wahrheit seit gestern erst bekant, und noch nicht
innig genug befreundet ist; er dichtet auf seinem
                                          Lager

Lager nach Schimmer, weis daß Achtung gegen das bisherige Verachtung bringt, macht
sich daher mit den andern an das Alte, wie
die unkundigen Knaben an gothisches Bild-
werk und an gemahlte Fenster, mit Steinen,
verstöhrt, räumt immer mehr auf; bis bald
ein Andrer komt, und so rein und helle macht,
daß nichts mehr da ist. Ihr Anhang im Publicum streut dann Salz auf die Stätte.

Ich habe gesagt, wo Unzufriedenheit mit
dem Alten überhandnehme, da sey Projectir-
sucht unausbleiblich. Erfahrung und Augen-
schein zeugts: und es ist aus sich selbst erweis-
lich. Denn unter dem großen Haufen, dem
vor allem was da ist und gilt, ekelt, und dem
der Sinn nur nach Mähren steht, und nach
neuen Lehren: wie viele sind denn darunter
wahrheitliebend? denn, wie ganz anders würden sie mit der Wahrheit umgehn; wie viele
den Grund suchend, und ihn zu finden fähig?
wie viele, denen es um echte Nahrung für
ihren Nebenmenschen zu thun ist? wie ganz
anders würden sie sich sonst betragen. Wie

D 5   viel

viel Spreu und Klene mus also beym Sieben solcher Arbeiten, wie viel gutscheinende leichte kraftlose Waare, beym Durchbeuteln, wegfallen, wie wenig kräftiges Kernmehl bleiben. Ein gesunder Geschmak spührt den Unterschied zwischen Wahrheit und Project, zwischen pflicht= mäßigem Verbessern und Neuerung. Und die Zeit pflegt immer zu entscheiden, und wird auch hier entscheiden.

Wir zeugen izo von der Sache, wie sie vor uns ligt. Die Nachwelt wird aus hand= greiflicheren Folgen weit kräftiger zeugen. Die frühere Nachwelt nemlich, nicht die späte. Diese wird wenig mehr davon erbliken: das Spreumäßige selbst wird dafür sorgen, und die große Zahl von rechtschafnen Männern, die ihren festen Gang fortgehen, und ein großes kernhaftes Erbgut auf die Nachkommen brin= gen, vor welchem jene leichte Waare nicht wird dauern können. Allenfals aus den An= nalen von dem Gange des menschlichen Geistes und Herzens, wird die späte Nachwelt ver= muthen, und aus wenigen Fragmenten aus=

fot=

forschen, daß so ein Gewühle vormals da ge=
wesen, und der Göze eines dahingegangenen
Zeitalters gewesen sey. Die frühere aber wird
den Schutt von seinem Altare noch antreffen,
den seine Erbauer selbst (warum? kan man
leicht denken) haben wieder verfallen lassen,
und darüber mit der Erfahrung, daß Dunst
keine Kraft gebe, hingestorben sind. Die
frühere Nachwelt wird also diesen Schutt antreffen, und in ein abgelegnes Thal wegthun.
Die Goldkörnlein, die in dem Wuste von Projectirerey mit unter sind, wird sie theils schon
haben, theils noch selbst nunmehr leichter her-
aussuchen, und sie benuzen: aber sich verwun-
dern, wie wenig Frucht in so vieler lermenden,
angestaunt gewesenen Arbeit gelegen habe, und
wie eine so große Menge habe können so kern-
los arbeiten, ohne es zu fühlen, oder fühlen
zu wollen, daß es eitel und nicht für die Zukunft sey; und wie ein noch größerer Haufe
solches Arbeiten habe bewundern, beklatschen,
das Jahrhundert solcher Arbeiter beynah für
das Jahrhundert kat Epochen unsers Erdbals
ausrufen, und es bedauern können, daß er
die Erndte nicht erleben werde. 8

8

Es ist beynah überflüßig, daß ich folgendes
beyfüge. Ich mus es aber thun, gedrungen
von Verehrung und Dankbarkeit gegen die
vielen Männer in allen Klaffen, die wirklich
in unfern Zeiten durch ihre Nachtwachen der
Wahrheit und dem gemeinen Wohl wesentlich
und reichhaltig dienen; mein Herz fordert es
von mir.

Es ist leicht zu fehn, was vor Arbeiten
mein Zeugnis meyne; und welchen es nicht
gelte. Die Regierungen haben wirklich das
Wohl ihrer Völker im Ganzen und Einzelnen
zur Absicht; ein Theil der unstreitig gestiegnen
Erleuchtung unfers Zeitalters ist es, daß sie
den Wohlstand der Unterthanen, den Werth
deffelben, die innige Gemeinschaft zwischen
dem Privat- und dem gemeinen Besten, nicht
nur deutlicher sehen, sondern auch, wie wahre Erleuchtung es immer thut, davon erwärmt
und zur That erweckt und gestärkt werden;
die Regenten sind selbst um die Mittel dazu
bekümmert, sie suchen die dazu bereits vor-

hand=

handnen Mittel und Anstalten zu mustern; sind bey diesem Geschäfte, der Musterung, von dessen Wichtigkeit überzeugt: ihr behutsames, weiliges, reifes Vorangehn bezeugt es, zum Dank eines jeden, der Regierung kent und den Einflus der unüberlegten unreifen behenden Neuerung erwiegt; sie hören den Tadel der wahren oder angeblichen Regierungsfehler mit Begierde; fordern oft zur Entdekung derselben, und zu heilsamen Vorschlägen auf; selbst die in den Ton der Schmähsucht ausartende Aufrükung von Regierungsgebrechen lassen sie, um den heilsamen Tadel nicht zu verscheuchen, ungeahndet. Man sieht, wer darauf merkt, ein recht angelegentliches Bestreben nach ersprieslichen Verbesserungen, nach nüzlichen Anstalten, wären sie auch noch so mühsam und kostbar, (mancher Regent spart lieber an sich selbst): Regenten, Minister, Kanzleyen, Beamte verdienen dieses Zeugnis. Dies ist ein theuers Kleinod unsrer Zeit: Ihr zwar nicht ausschlieslich eigen, in jedem Jahrhundert gab es auch eifrige Regierungen, Ob es aber einzig dem algemeinen

San-

Gange des menschlichen Wirkens und Fort-
schreitens zu verdanken sey: oder ob es zum
Theil eine Folge von der heutigen Alles durch-
laufenden Rührigkeit und ihrer Gefährtin der
Neuerungs- und Projectirlust mit sey, vermag ich nicht zu entscheiden. Es wäre es
aber: so komts wohl daher, daß wahre echte
Männer durch Anläufe, wie der eben izt hin-
gesezte Fels, sich nur desto fester sezen, und
um sichern Grund bekümmert werden, durch
die anschlagende Wellen nicht selbst zum Weichen gebracht werden, sie aber zum Zurüffal-
len bringen, und durch sie von angesezten Un-
reinigkeiten rein gespühlt werden. Der gründ-
liche Staats- wie der Privatmann lernt, wie
Leibniz von sich sagte, aus schlechten Schriften und Vorschlägen oft am meisten.

Deutschland, unser unmittelbares, und
Europa, unser algemeines Vaterland, besizt
noch viele Stammhalter der Wahrheit und des
echten Tons und Geschmaks. Vermuthlich
desto mehrere und stärkere, je größer gegenwärtig das Bedürfnis ist. Diese aber forschen,

schen, bessern und nuzen in der Stille; mehr
in der Nähe um sich herum, als laut und sogleich in die Ferne: ihre Schriften und andern Arbeiten dringen sich nicht vor. Solche
Männer aber sind von der weisen Vorsicht
ausgetheilt, so daß eines jeden kleiner Kreis
die nüzlichen Kreise der andern mehr oder weniger berührt, und jede Gegend mehr oder
weniger davon besizt. So behält der Weizen
Raum und Luft, und das Unkraut kan nicht
alles bedeken; mus auch hier und da weichen.
Aus dem Erfolg zu schließen, mus ihre Anzahl gros, und ihr Einflus beträchtlich seyn.
Unbemerkt, ziehen sie viele in ihre wohlthätige Sphähre, und die drinnen sind, erhalten sie
darin; Manche stärken sie, die im Begrif waren die Bahn zu verlieren, oder von dem be-
rauschenden Ungestüm manches heutigen Tons
schwindelnd hinzusinken. — Viele andre erhalten eigentlich nur sich aufrecht, arbeiten
nicht wie die vorigen, und wirken nicht, wie
sie, geradezu und unmittelbar in Andre: doch
wirkt ihr Beyspiel auch um sich herum. Das
Beyspiel und der gute Rath, diese reife Frucht

der

der Tugend und Erfahrung: wodurch auch
der niedre eingeschrenkte Taglöhner öfter und
mehr nüzt, als die große Welt weis und
denkt; und wodurch Cato der einstürzenden
Republik eben am nothwendigsten gewesen wäre.

So schreitet Wahrheit, und das Gute
immer voran: wie dieses der Gang aller er-
schafnen Dinge ist. Der nie stille stehn, nie
zerrüttet, nie zu seinem jedesmaligen Ziel zu
kommen gehindert werden kan. Der algemeine Kreislauf der Natur ist viel zu mächtig,
wird durch die Steinwirbel womit Knaben sich
Freude machen, nicht gestört. Er zieht aber
ihre Kreise in sich hinein, läst ihre Steine unter und in Vergessenheit sinken, und wird
durch solche Bewegung, wenn sie häufig an-
haltend und gros ist, nur schneller und wirksamer.

In *limine* philosophiæ, cum secundæ causæ tanquam sensibus proximæ ingerant se menti
humanæ, mensque ipsa in illis hæreat atque
commoretur, oblivio Primæ Causæ obrepere potest.
Baco Verulamius.

Vor-

Vorrede
des
Verfassers.

Vielleicht wird dieses Buch ein gutes veranlaſſen. Es brauchte diejenige Zeit die ich nicht habe, um dieſe Begriffe, die mir wahr und der Aufmerkſamkeit des Publicums nicht unwürdig ſcheinen, in beſſere Ordnung zu bringen. Ich werde mich um die gemeine Sache wohl verdient gemacht haben, wenn meine Gedanken zu häufigerem Nachdenken über dieſe wichtigen Gegenſtände Anlas geben werden. Wohl dem Volke, wo Geſpräche über die Tugend gemeiner, und wo Unterſuchungen über die Wohlfahrt des Staats gewöhnlicher

licher sind. Der Ruhm eines guten Bür=
gers ist mir köstlicher, als der Ruhm eines
guten Schriftstellers: nach welchem ich
nicht weis ob mir meine Kräfte erlauben
würden zu streben. Findt sich in diesen
meinen Betrachtungen ein Gedanke, von
dem die wahren öffentlichen Angelegenhei=
ten Licht erhalten, so bitte ich meinen Le=
ser, daß er ihn gegen diejenige rauhen und
unvolendeten Theile, die er hierinnen an=
treffen wird, sezen, und diese mir verge=
ben wolle. Möchte ich etwas Nüzliches
sagen, möchte ich es thun können!

Betrachtungen

über

die Staatswirthschaft.

***

I. Abschnit.

Wie der Handel der Völker die kein Geld kennen, beschaffen sey.

§. 1. Ohne Bedürfnis, wenig oder kein Verkehr.

Jene Menschergesellschaften, die keine andere als die thierischen Bedürfnisse kennen, haben wenig Gemeinschaft unter sich, und können keine haben. Ein in dieser Gesellschaft aufgewachsener Mensch, zufrieden, vor den Nachstellungen der Thiere, dem Hunger, dem Durst, und den Jahrszeiten das Leben gesichert zu haben, kann nicht einmal vermuthen, daß fern von seinem Geburtsboden etwas hervorkomme, wovon er Nutzen ziehen könne. Daher haben

A   die

die Nationen die wir Wilde nennen, keine Gemein=
ſchaft unter ſich, auſſer in der Noth irgend eines
Mangels, oder ſonſt eines Unfalls der ſie zu den
Nahewohnenden zu laufen zwingt, von welchen ſie,
entweder durch einen mühſamen Tauſch, oder durch
bloſes Mitleiden, oder durch offenbahre Gewalt die
mangelnde Nothdurft überkommen. Bey dem Men=
ſchen giebt es keine Bewegung, ohne ein Be=
dürfnis; noch ein Bedürfnis, ohne einen Be=
grif: und Begriffe ſind bey einſamen und wil=
den Völkern höchſtbegrenzt.

§. 2. Weſen nnd Wirkung des Bedürf= niſſes.

Jemehr die Nationen ſich bilden, oder, je=
mehr bey den Menſchen die Zahl der Begriffe und
der Bedürfniſſe wächſt, deſto ſtärker wird man den
Verkehr zwiſchen Nation und Nation aufkommen ſe=
hen. Das Bedürfnis, d. i. die Empfindung des
Schmerzens, iſt der Stachel, worzit die Natur den
Menſchen erſchüttert, und ihn aus dem unempfindli=
chen Zuſtande von Pflanzenleben aufweckt, worin er
ohne jenem liegen würde. Ein befremdender und
wenig tröſtlicher Satz iſt es, daß allzeit Schmerz vor
dem Vergnügen hergeht, und daß man nothwendig
muß eine Geſellſchaft erſt unglücklich machen, um
hernach ſie gebildet zu machen. Aber, wir Euro=
päer lieſſen unſre Voreltern dieſen unvermeidlichen

Tri=

Tribut schon genug bezahlen, und wir können uns mit den Fortschritten die wir in der Bildung thun, trösten, und beyde, die Früchte davon genießen, und sie so viel nur möglich vervielfältigen: welches allzeit das Werk eines erleuchteten Gesetzgebers seyn wird. — Der Ueberschuß der Bedürfnisse über das Vermögen, ist das Maas von der Unglückseligkeit, sowohl des Menschen als eines Staats. Die Wilden sind wenig unglückselig, weil sie sehr wenig Bedürfnisse haben. Die Völker aber, die sich solche in großer Menge, durch die Verfeinerung verschaft haben, müssen Nothhalben suchen das Vermögen zu vergrößern, um sich der Glückseligkeit zu nähern. Gegenwärtig ist nicht meine Absicht, die Mittel anzuzeigen, deren sich ein Gesetzgeber mit Nutzen bedienen kann, um die Begierden der Menschen mehr zusammenstrebend nach einem einzigen Zweck zu machen als worin eines Volkes höchstes Wirken nach Glückseligkeit besteht: ich will blos sagen, durch was vor Mittel die gutgeführte Staatshaushaltung das Vermögen eines Staats vergrößern werde.

§. 3. Entstehung und Beschaffenheit des Verkehrs oder Handels, und seine Wirkung.

Der Verkehr entsteht also aus dem Bedürfnis und dem Ueberflus: Bedürfnis der Waaren die man sucht, welches einen Ueberschus, der dagegen überlassen werden kan, voraussetzt. Wie bey den wilden

Na=

Nationen die Bedürfnisse am kleinsten sind, so wird auch der Ueberfluß, oder Ueberschuß am kleinsten seyn. Denn die wilde Nation wird sich aus dem eignen Grunde die nothwendigen Lebensmittel verschaffen; und, sie lebe von Viehzucht, oder Jagdt, oder Landbau, über die jährliche Verzehrung hinaus wird sie ihren Fleis nicht erstrecken.

Kaum aber wird eine Nation anfangen von dem Zustande des wilden Lebens abzugehen, indem sie neue Bedürfnisse und Bequemlichkeiten des Lebens kennen lernt: dann wird sie genöthigt seyn, verhältnismässig ihren Fleis zu vergrößern, und die jährliche Erzielung ihrer Erzeugnisse zu vermehren; so daß sie über den Verbrauch so viel Ueberschuß davon habe, als dem fremden Erzeugnis, das sie bey den Nachbaren wird suchen müssen, gleich kommt. Und siehe da, wie in dem Maas als sich die Bedürfnisse einer Nation vervielfältigen, natürlicherweise der jährliche Ertrag des Bodens und der Nationalfleiß zuzunehmen streben.

§. 4. Natürliche Schwierigkeiten des Handels in seiner Kindheit.

I. Aber wie wird unter diesen Gesellschaften, welche anfangen die gemachten Bedürfnisse zu lernen, die Gleichsetzung zwischen dem Werthe der Waare die sie empfangen, und der welche sie dafür geben, sich machen lassen? Werth, ist ein Wort,

das

daß die Achtung worin etwas bey den Menschen steht, anzeigt, und deren Stufen mißt. Da aber in einer noch rohen Gesellschaft jeder Mensch seine Meynungen und seine ihm eignen Bedürfnisse hat, so wird die Vorstellung vom Werthe höchstwandelbar seyn: als welche nicht allgemein wird, bis die Gemeinschaft zwischen Gesellschaft und Gesellschaft eingeführt, und ohne Unterbruch unterhalten wird. Dieses schwankende Maas muß der erste Anstos gewesen seyn, der von Seiten der Natur der Sachen sich der Erweiterung des Handels in den Weg geleget hat.

II. Wie hoffen, daß eine angrenzende Nation einen Theil ihrer Erzeugnisse überlassen wolle, wenn es sich nicht eben trift, daß dort hinwieder Bedürfnis unsers Ueberschusses ist? wird sie sich eines Stückes von dem ihrigen berauben, um unsern Ueberrest anzunehmen, mit der Gefahr, ihn zu Grunde gehn und verderben zu sehen, ehe man ihn zu gebrauchen nöthig hat? Dies ist der zweyte Anstos, der gleichfals natürlicherweise die Erweiterung des Verkehrs zwischen Nation und Nation, beym ersten Ausgehen aus dem wilden Zustande, muß gehindert haben.

A 3   Ab:

2. Abschnit.

Was Geld sey; und wie es den Handel vergrößere.

§. 1. Begrif von dem Gelde.

Vor der Erfindung des Geldes, war es nicht physisch thunlich, daß sich ein Verkehr mit Thätigkeit zwischen Staat und Staat, und zwischen Menschen und Menschen, erhübe.

Unter den vielen Erklärungen vom Gelde, die mir vorgekommen sind, habe ich keine gefunden, die mir schiene dem Wesen desselben richtig angemessen zu seyn. Einige sehen im Gelde die Vorstellung des Werths der Sachen. Aber, das Geld ist Sache, ist ein Metal, dessen Werth gleicherweise von so vielem als man dagegen giebt, vorgestellt wird; und diese Eigenschaft, den Werth vorzustellen, ist allen andern Waaren, die überhaupt in Handel kommen, gemein. — Andere sehen das Geld an, als ein Pfand um die Waaren zu erhalten. Allein, unter dieser Ansicht sind eben so auch die Waaren ein Pfand des Geldes. Diese Erklärungen kommen dem Gelde nicht ausschließlich zu.

Das Geld ist die allgemeine Waare, das heißt, es ist diejenige Waare, die wegen ihrer durch=

gängi=

gängigen Annehmung ; wegen des kleinen Stücks,
wodurch sie leicht fortzubringen ist; wegen der beque=
men Zertheilbarkeit; und wegen ihrer Unverderblich=
keit, allgemein gegen jede besondere Waare genom=
men wird. So betrachtet, bekommt das Geld, mei=
nes Erachtens, eine solche Erklärung, daß man von
ihm einen ihm allein eigenthümlichen Begrif hat, der
alle seine Dienste vollkommen anzeigt.

S. D. Schotti Dissertatt. Jur. naturalis. Tomo
I. pag. 44. Dissert. II. *De cura Principis
circa pretium æris signati s. monetæ.* — Tom.
II. p. 107. Dissert. XV. *De Notione pecuniæ.*

§. 2. Wirkung des Geldes.

Ist die Idee des Geldes bey einer Nation ein=
geführt, so begint die Idee des Werthes gleichför=
miger zu werden, weil jedermann sie mit der allge=
meinen Waare mißt. Die Versendungen von Na=
tion zu Nation werden um die Helfte leichter:
denn die Nation von der man die besondere Waare
bekommt, nimmt gern so viel allgemeine Waare da=
gegen an; dadurch wird, anstatt zweyer schweren
und mühsamen Frachten, eine davon höchstleicht.
Damit eine Nation die etwas braucht, es haben
könne, ist es genug daß eine andere Ueberschuß hat,
wenn gleich diese gegenwärtig nicht auch hinwieder
etwas braucht. — Durch die Einführung der allge=
meinen Waare nähern sich die Gesellschaften, sie

A 4   lernen

lernen sich kennen, sie theilen sich einander mit:
woraus man deutlich sieht, daß das menschliche Geschlecht der Erfindung des Geldes weit mehr, als
vielleicht geglaubt wurde, seinen Anbau, und jene
künstliche Beziehung zwischen Bedürfnissen und Emsigkeit zu danken hat, durch welche die gebildeten
Gesellschaften so weit von den rohen und einsamen
der Wilden unterschieden sind. Die um das Men-
schengeschlecht verdientesten Erfindungen, und die
den Kopf und die Verstandeskräfte entwickelt haben, sind
sämtlich diejenigen, welche den Menschen dem Menschen
nähern, und die Mittheilung der Begriffe, der Bedürfnisse, der Gesinnungen erleichtern, und das menschliche Geschlecht zu Einem machen. Solche sind die
Posten, die Buchdruckerey, und vor diesen das Geld.

§. 3. Folgerung: Handlung hebt den Feldbau.

Jemehr die Waarenversendung erleichtert wird,
jemehr die Bedürfnisse zunehmen, desto mehr wächst
der Handel, und mit gleichem Schritte wächst in
einem Fruchtlande der Feldbau. Denn es giebt keinen
Erfolg ohne Ursache, und weiter baut der Mensch
nicht, als so viel er für seine Bedürfnisse braucht;
und je ausgebreiteter die Bedürfnisse sind, welchen
er mit den Erzeugnissen seines Landes gleichkommen muß, desto mehr baut er. Hieraus sieht man,
wie irrig etliche geglaubt haben, daß die Vermehrung der Handelschaft dem Fortschreiten des Feld-

baus

haus schädlich sey: welcher vielmehr neues Leben er=
hält, jemehr die Emsigkeit und die Bedürfnisse in
einer Nation zunehmen.

Anmerk. 1) Ein Abweg: Keine Handelschaft!
ein anderer: Nichts denn Handelschaft! Ders
versteht, macht einen Unterschied zwischen Han=
delschaft und Handelschaft, preist jene, die na=
türlich entsteht, und zunimt; warnet vor der,
die man als Zweck und Regel des Staatswirths
betreibt, erzwingt, und alles darauf richtet.

2) Eine Sache muß nicht von Einer Seite nur,
und für jetzo allein, betrachtet werden. Der Han=
del verschaft dem Erzieler Absatz, und Geld.
Aber er hat noch mehr Wirkungen. Durch vie=
lerley Wege wird er endlich der Nation, selbst
auch dem Feldbaue, schädlich und zuletzt tödtlich.
Doch, eben zu der Zeit glaubt manches Auge
eine solche Nation im stärksten Leben zu sehn.

3) Man sage nicht: „jedes Volk und Reich hat
seine Periode; ist diese da, so muß es sinken.‟
Ohne Ursache sinkt es nicht. Diese, zusamt al=
lem was ihr hilft ein Volk zu durchweichen und
zu entnerven, taugt entweder gar nicht, so
schön auch ihr Schein anfänglich eine Zeitlang
seyn mag, oder sie taugt nur, mit Maas und
Zweckmäßig gebraucht; und muß denn auch so,
und nur so gebraucht werden. Dann aber nützt
sie auch, und verdient Lob und Anpreisung.

A 5   3. Abs=

3. Abschnit.
Zu= und Abnahme des Reichthums eines Staats.

§. 1. Was Erzielung sey.

Zween Gegenstände hauptsächlich muß man mer=
ken, diese nemlich: jährliche Erzielung, und
jährlicher Verbrauch. In jedem Lande wird, mit=
telst des Wachsens und der Handarbeit erzielt; und
in jedem Lande wird verbraucht. Einige Schriftstel=
ler eigneten die Erzielung dem einzigen Feldbaue zu,
und nannten die Klasse der Handwerker eine unfrucht=
bare Klasse. Ich glaube, daß dieses ein Irthum
sey; denn alle Erscheinungen in der Welt, sie seyn
von der Hand des Menschen, oder von den allgemei=
nen Gesetzen der Natur hervorgebracht, geben uns
nicht die Vorstellung von einer wirklichen Schöpfung,
wohl aber von einer neuen Gestaltung der Materie a).
Zusammenbringen, und Scheiden, sind die zween
einzigen Bestandtheile, die der menschliche Verstand
bey Zergliederung des Begrifs der Hervorbringung
findet. Und es ist eben so wohl Hervorbringung von
Werthe und von Reichthum, wenn Erde Luft und
Wasser auf dem Felde sich in ein Korn verwandeln,
als wenn der Leim von einem Insecte sich durch des
Menschen Hand in Sammt verwandelt.

Uns

Anmerk. 1. a) Physisch ist dieses richtig!

2. Unter die Erzieler gehört dem Staatswirthe je= der, der etwas zum allgemeinen, und besondern Wohl beyträgt: zum Nationalreichthum gehört alles und jedes was zu jenem dient. Macht einer etwas Rohes, etwas das so noch nicht brauchbar oder genießbar ist, durch Umgestal= tung brauchbar; verdient und erwirbt sich einer an irgend einer Sache, durch das was er dar= an macht, etwas: so gehört dies alles zum Nationalreichthum, zur Erzielung. Mithin der redliche Taglöhner und die Milchfrau eben so wohl, wie der Manufacturant und Großhänd= ler. Wäre man hiebey, nemlich bey der Wahr= heit und Natur, in der practischen und theore= tischen Staatswirthschaft geblieben: so hätte der Abscheu vor dem Luxus, und vor seiner Zucht, den Unsitten und der gänzlichen Schwächung des Menschengeschlechts, den Physiokraten und den ehrlichen J. J. Rousseau nicht so weit ab= wegs von der Mittelstraße geführt. Und wie mancher, der am lautesten ist und sich am un= nützesten macht, hat beyde nicht gelesen. Wer sie, und die Sache versteht, läßt ihnen ihr Ideal, lernt aber viel daraus, und sucht ohne Geräu= sche damit zu nutzen.

§. 2.

§. 2. Begrif vom Ab = und Zunehmen ei= ner Nation.

Ist der Gesamtbetrag der Erzielung dem Be= trage des jährlichen Verbrauchs gleich, so beharrt ei= ne Nation in dem Zustande worin sie ist, wenn alle Umstände gleich sind. Eine Nation verdirbt, bey welcher der jährliche Verbrauch den jährlichen Ertrag übersteigt; dagegen verbessert sich der Staat, bey dem die jährliche Erzielung dem Verbrauche vor= schreitet.

§. 3. Wie das Ab = und Zunehmen eines Landes zu berechnen sey.

Ich habe gesagt, daß die Nation, bey der die jährliche Erzielung dem jährlichen Aufwand gleiche, in einem Zustande von Gleichbleiben sey; und habe dazu gesetzt, wenn alle Umstände gleich seyn. Denn bey veränderten Umständen, könnte sie gleichwohl verderben. Und dies würde sich zutragen, wenn ei= ne benachbarte Nation reicher und mächtiger denn sie würde: indem Stärke und Macht, wie alle an= dere Eigenschaften des Menschen sowohl als der Staa= ten, nichts anders denn bloße Verhältnisse, und Ver= gleichungen eines Gegenstandes mit einem andern, sind. — Eine gleiche Erscheinung könnte sich auch ereugnen, wenn bey Abnahme der Bevölkerung, die Erzieler und die Verzehrer in gleicher Zahl abnäh=

men,

men, indem zwo Größen von gleichem Werthe beyden Theilen entgingen.

§. 4. Folgen des Abnehmens.

Uebersteigt der jährliche Verbrauch den jährlichen Ertrag, so muß nothwendig die Nation herun-
terkommen, weil sie jedes Jahr von dem Haupt-
stamme nimmt, und über das Einkommen verzehrt.
Allein, wie jeder sieht, kann dieser Zustand nicht
über einen gewissen Punct hinaus dauern: denn entweder werden so viele Verzehrer, als mit der Nationalschuld in Verhältnis stehen, gezwungen seyn, weg-
zuziehen; oder genöthigt, Erzieler zu werden, und
dadurch die Summen gleich zu machen. In diesem
Falle bekommt also die Nation von dem Uebel selbst
den Stos zum Hülfsmittel; und folgt sie dem Stoffe
nicht, so muß das Volk abnehmen, und der Staat
schwach werden, bis sich das Gleichgewicht wieder
herstelt.

§. 5. Wirkung des Zunehmens.

Bey der Nation aber, wo der jährliche Ertrag
den Verbrauch übertrift, da muß der allgemeinen
Waare mehr werden. Welche, daselbst häufiger und
gemeiner als bey den Angrenzern geworden, die Preise der Erzeugnisse stufenweis erhöhen würde, dergestalt daß diese keinen Abzug mehr bey den Ausländern hätten, als welche sich um dergleichen Feilschaften

ten anderswohin wenden würden.   Welches erfol=
gen würde, wenn daselbst die allgemeine Waare oh=
ne viel Bewegung daläge, wovon in der Folge wird
geredt werden.   Allein , die allgemeine Waare,
durch Emsigkeit erworben, wird daselbst die Bedürf=
nisse vermehren, die Käufe vervielfältigen, und durch
die größere Geschwindigkeit helfen, und die schlim=
men Wirkungen ersezen, welche die bloße Masse ha=
ben müßte.   Und siehe da, wie die Natur selbst,
wenn sie einzig und allein wirkte, die Menschen al=
le als eine wohlthätige Mutter behandeln würde: das
zu viel und das zu wenig in jedem Theil verbessern,
Güter und Uebel nach dem Maas der Thätigkeit und
Weisheit der Völker austheilen, und unter ihnen je=
ne einzige Ungleichheit von Wagestand lassen, wel=
che Einrichte die Begierden und den Fleis in Bewe=
gung zu halten: gleichwie, wenn in dem Ocean durch
die Würkung der Himmelskörper' die Wasserebene
wechselt, die Wasser ihren Hin= und Herlauf hal=
ten, so daß dadurch das Faulwerden verhütet wird.
Allein, die öffentlichen Hülderungen , verursacht
von jener unglücklichen, wiewohl an sich ehrwürdi=
gen, Liebe zum Besten und zum Vollkommnen, wel=
che zuweilen die Gesetzgeber irregeführt hat , diese
vermögen, da mehr dort weniger, allerwärts aber
genug, um jenes Gleichgewicht durchzukreuzen und
aufzuhalten, nach welchem die sitlichen , geschweige
die physischen, Ursachen unaufhörlich streben.

4. Ab=

4. Abſchnit.

Haupttriebfedern des Handels; und Zergliederung des Preiſes.

§. 1. Weſen des Handels.

Handel iſt weſentlich nichts anders denn ein Fördern der Waaren von einem Orte an einen Ort. — Dieſes Fördern unternimmt man nach Maas des Nutzens, den man dabey hat. Dieſer Nutzen wird nach dem Unterſchied des Preiſes den die Waare hat, gemeſſen: dergeſtalt daß man niemals wird unſre Waare einer angrenzenden Nation bringen, wenn von ihr nicht mehr bezahlt wird, als da wo die Waare iſt. Denn die Koſten der Uebermachung, den Verzug den Preis herauszukrigen, die Gefahr die man bey ſolchem Verzuge läuft, leidet man nicht ohne Erſatz. — Kennt man die Theilurſachen die den Preis der Dinge erzeugen, wohl, ſo weis man die Triebfeder des Handels, und man hat den Stamm dieſes großen Baums ergriffen, auf deſſen Aeſte ſich, wie es geht, die Augen zu ſehr geheftet haben.

§. 2. Algemeiner Begrif des Preiſes.

Genau zu reden, bedeutet der Preis die Größe einer Sache, die man giebt, um dafür eine andre

zu

zu haben. Vertauscht man bey einer Nation, der
das Geld unbekannt ist, ein Malter Korn im Som=
mer für drey Schaafe, und fordert man im Herbste
vier Schaafe für dasselbe Malter Korn: bey dieser
Nation, sage ich, wird das Malter-Korn um hö=
hern Preis im Herbste, und die Schaafe werden
um höhern Preis im Sommer verhandelt.

§. 3. Erklärung einiger Wörter.

Vor der Erfindung des Geldes, konnte man
die Begriffe von Käufer und Verkäufer nicht ha=
ben, sondern allein die von Tauschanbieter und
Tauschannehmer. Nach Einführung des Geldes,
bekam den Namen Käufer, der welcher die allge=
meine Waare gegen eine andre Waare zu vertau=
schen sucht; und der welcher irgend eine Sache ge=
gen die allgemeine Waare zu vertauschen sucht, hies
Verkäufer.

§. 4. Besondrer Begrif des Preises.

Bey uns, die wir den Gebrauch der allgemei=
nen Waare haben, bedeutet das Wort Preis, die
Größe der allgemeinen Waare, die man für
eine andre Waare giebt. Dies geschieht, weil
die Menschen insgemein nicht merken, daß der Preis
der allgemeinen Waare selbst veränderlich ist, und
das durchgängige Schreyen der Völker sich darauf
einschrenkt, daß sie über den gestiegnen Preis über=
haupt

haupt aller Gattungen klagen, ohne durchzuschauen, daß so beschaffene Klagen, wenn sie, wie wirklich, algemein geworden sind, gerade die Verminderung des Preises der algemeinen Waare beweisen.

Anmerk. 1. Die Ursache der durchaus gestiegnen Preise, kan nicht allein auf Seiten der besondern Waaren seyn. Sonst müßte die Menge aller Feilschaften durchgehends, und nicht blos einiger, abgenommen; oder auch die Anzahl aller Käufer und der Nachfrage durchaus zugenommen haben, ohne daß zugleich die Menge der Erzielungen und Feilschaften zugenommen hätte: welches beydes nicht glaublich ist. Mithin muß, scheint es, die einzige, oder doch die vornehmste Theilursache mit, auf Seiten des Geldes, und der durch Es vermehrten Nachfrage seyn. — Wer mit einem erfahrnen Policeyauge, die Ursachen der durchgehends gestiegnen Preise aufsucht, findet deren mehrere in altäglichen, aber meistens unbemerkten, Dingen.

2. Preis drukt den Werth einer Sache, oder die Achtung derselben (S. 1. Abschn. §. 4. Nro. I.) aus. Er wird von dem Käufer und Verkäufer durch Münznamen und Maas = und Gewichtnamen behandelt und festgesezt; und sodenn von dem Käufer mit Ueberlieferung des Geldes, und von dem Verkäufer mit Uebergebung der besondern Waare geleistet und realisirt *). —

B   Bey=

Beyde werden miteinander zu so viel algemeiner und so viel besondrer Waare eins. Dieser
und jener wird also ihr Werth oder Achtung bestimt, d. i. ihr Preis gesezt. Dieses So viel
aber hängt bey beyden, der algemeinen und besondern Waare, von mehrerley Umständen ab,
deren hauptsächlichste in diesem Abschnitte er-
örtert werden.

*) S. Schmids Staatswirthschaft, §. 384.
Seite 542.

§. 5. Der gemeine Preis.

Der gemeine Preis ist der, bey welchem der
Käufer kan Verkäufer, und der Verkäufer kan Käufer werden, ohne merklichen Verlust oder Gewin
1). Der gemeine Preis der Seide z. B. sey ein Du-
kate fürs Pfund: so sage ich, der welcher hundert
Pfund Seide besizt, sey eben so reich als der, welcher hundert Dukaten besizt: weil der erste, durch
Abtretung der Seide leichtlich hundert Dukaten, und
eben so leicht der andre, durch Abtretung von hundert Dukaten, hundert Pfund Seide bekommen kan.
Und wäre bey einem von diesen zweyen mel e Schwierigkeit die Auswechslung zu treffen: da würde ich
sagen, daß der gemeine Preis nicht mehr ein Duka-
te fürs Pfund wäre. Der gemeine Preis ist der,
bey welchem keiner der handelnden Theile verkürzt
wird.

Man

Man wolle erwägen, daß der gemeine Preis, weil er von der gemeinen Meynung der Menſchen abhängt, ſich bey keinen andern als denjenigen Waaren finden kan, welche insgemein im Handel ſind. Die andern ſeltnen und weniger gebräuchlichen Waaren müſſen nothwendig einen wilkürlichern, und veränderlichen Preis haben: als welcher von der Meynung Weniger abhängt, ohne den Streit eines freyen Marktes zu erfahren, wo die gegenſeitigen Abſichten der Leute in großer Menge gegen einander ſtoſſen, um wagerecht zu werden.

Anmerk. 1) Denn wenn der eine merklichen Verluſt, mithin der andre merklichen Gewin hat: ſo beweiſt dieſes Disproportion in dem Preiſe. Ein ſolcher Verkehr dauert nicht lange, und breitet ſich nicht weit genug aus, um algemeinen Preis nach obigem Fus feſtſezen, oder um obigen Preis zum gemeinen machen zu können.

§. 6. Die Entſtehungsurſachen des Preiſes: Bedürfnis oder Nachfrage, und Ueberflus oder Feilbieten.

Welches ſind denn nun die Theilurſachen, welche den Preis erzeugen? Gewis iſt das Bedürfnis allein es nicht das ihn macht. Um ſich davon zu überzeugen, bedenke man blos, daß Waſſer, Luft,

und Sonnenlicht keinen Preis haben: gleichwohl be=
dürfen wir keiner Sache so sehr, wie dieser. Die
Sachen alle, die man in Gemeinheit haben kan,
die haben keinen Preis: weil das Bedürfnis nicht
genug ist, einer Sache einen Preis zu geben.

Eben so wenig ist allein die Seltenheit einer
Waare genug, ihr einen Preis zu geben. Eine
Schaumünze, ein alter geschnitner Stein, ein Lieb=
lingsstük aus der Naturgeschichte, und ähnliche
Gegenstände, wären sie noch so selten und bey eini=
gen Neugierigen oder Liebhabern von noch so hohem
Werthe: auf dem Markte würden sie insgemein
wenig oder keinen Preis finden.

Der Ueberflus einer Waare wirkt in ihren
Preis. Unter dem Namen Ueberflus, verstehe ich
aber nicht die blos im Daseyn befindliche Größe dessel=
ben; sondern die Größe der Anbietungen davon
zu Kaufe. Jeder Waarenvorrath, der vor dem
Handel verborgen wird, wirkt nicht mit in den Preis,
und ist wie nicht im Daseyn. Also kan ich sagen,
daß der blose Ueberflus keine Bestimmungsursache
des Preises ist; aber daß der erscheinende Ueber=
flus es ist. Alles übrige gleich genommen, steigt
der Preis genau mit der Seltenheit der gesuchten
Sache.

Von zwey vereinigten Ursachen also, wird
der Preis erzeugt: von dem Bedürfnis und der
Seltenheit. Das ist: je stärker diese zween ver=
einig=

einigten Gründe sind, desto mehr steigt der Preis; und hinwieder, jemehr der Ueberflus einer Waare zu, oder ihr Bedürfnis abnimt, desto kleiner, und wohlfeiler wird ihr Preis.

§. 7. Erste und einfache Bestimmung des Wortes, Bedürfnis; nebst Folgerung.

Man merke, daß, wenn hie beym Handel, d. i. bey Vertauschung einer Sache für eine andre, der Name Bedürfnis gebraucht wird, dieser nicht einerley mit dem Worte Verlangen ist; sondern einzig den Vorzug anzeigt, den einer der Waare die er sucht, vor derjenigen gibt, die er dafür lassen wil. Bedürfnis bedeutet folglich den Ueberschus der Achtung, die einer für die Waare hat, die er verlangt, gehalten gegen die, welche er dafür lassen wil. — Daraus fliest: in dem Lande, wo die algemeine Waare in großem Ueberflus, und das Bedürfnis der besondern Waaren verhältnismäßig gros ist, da wird jene durch natürliche Folge einen geringern Preis in der gemeinen Schäzung bekommen, und man wird davon eine größere Menge für jede besondre Waare geben müssen. — Allein, wie die Wirkung der algemeinen Waare, wenn sie stuffenweis und vertheilt unter Viele in ein Land komt, diese ist, daß sie die Lust nach den besondern Waaren immer mehr vergrößert: also geschieht

B 3 auch

auch) dieses, daß die algemeine Waare, jeweniger sie zusammengehäuft, und jemehr sie unter Viele wird vertheilt seyn, desto mehr Werth behalten, und den Preis der besondern Waaren desto weniger erhöhen wird.

§. 8. Der erscheinende, oder hervortretende, oder feile Ueberflus.

Der erscheinende Ueberflus, d. i. jener der zur Bestimmung des Preises beyträgt, nimt mit der Anzahl der Feilbietungen zu, und mit der Anzahl derselben ab. Damit wil ich sagen, daß der erscheinende Ueberflus nach der Anzahl der Verkäufer gemessen wird. Diese Wahrheit einzusehen, bedenke man Folgendes. Wären in einer Stadt Lebensmittel gnug, das Volk ein Jahr durch zu versorgen, diese Lebensmittel befinden sich aber in der Gewalt Eines Mannes: so würde dieser einzige Verkäufer auf den täglichen Markt blos den Theil bringen, der dem Verkauf desselben Tages gemäs wäre; und so würde das Feilbieten auf den kleinsten Grad gebracht, der erscheinende Ueberflus der möglich-kleinste, folglich der Preis der möglich-gröste seyn: weil er von der blosen Willkühr dieses einzigen despotischen Verkäufers abhienge.

Dieser nemliche Vorrath, seze man, sey unter zween Verkäufer vertheilt. Machen sie ein Verständnis

nis unter sich, so sind wir im vorigen Falle. Ei=
fern sie aber auf einander, und entsteht ein Wett=
streit unter ihnen, die algemeine Waare am be=
triebsamsten zusammen zu häufen: dann wird man
die Anbietungen verdoppelt sehn: jeder von bey=
den wird den für den Tagsverbrauch genugsamen
Theil zu Markte bringen, der erscheinende Ueber=
flus wird sich vermehrt, und der Preis sich ver=
mindert haben.

Man vermehre nach diesem Fus die Zahl der
Verkäufer, so ist augenscheinlich: jemehr diese Zahl
wächst, desto schwerer wird unter ihnen Einver=
ständnis; desto wahrscheinlicher Wetteifer und Mit=
werbung; desto mehr folglich wird der erscheinen=
de Ueberflus zu, und der Preis der Waare desto
mehr abnehmen. Folglich wird der erscheinende
Ueberflus mit der Anzahl der Verkäufer ge=
messen.

§. 9. Besondre Erklärung des Bedürf=
nisses, durch Anwendung des ersten
und einfachen Begrifs von
demselben.

Es ist gesagt worden, §. 7: das Maas des Be=
dürfnisses, sey der Ueberschus der Achtung für die
Waare so man verlangt, verglichen mit der so man
überlassen will. Dieses ist wahr, jeden Käufer als

abge=

abgesondert betrachtet. Aber, die gesamte Geselschaft als beysammen betrachtet, nach was vor einem Fus wollen wir die Größe des Bedürfnisses
messen? Ich sage: die Anzahl der Käufer wird
das wahre Maas des Bedürfnisses seyn. Dies
einzusehn, laßt uns zu einem ähnlichen Beyspiele
zurükkehren. Es sey ein einziger Alleinverkäufer einer Waare da: man hat gesehen, daß alsdenn der
erscheinende Ueberflus der kleinste seyn werde.
Wird aber für eben die Waare nur Ein Käufer da seyn,
so wird auch das Bedürfnis das kleinste seyn: weil
der Preis von dem gleichen Streite zweyer einzigen
Meynungen abhängen wird. Wofern aber stat Eines
Käufers der Alleinverkäufer zween Käufer hat, dann
kan er seine Forderungen vergrößern; und so in
dem Maas wie die Zahl der Käufer wachsen wird,
wird allemal auch das Bedürfnis, die Theilursache
des Preises, wachsen. Die Anzahl der Käufer
ist es folglich, aus der man die Größe des Bedürfnisses die in den Preis wirkt, abnehmen mus.

§. 10. Endliche und volendete Erklärung, wie der Preis entstehe.

Es wachse die Zahl der Verkäufer, alles übrige gleich geblieben: so wird der Ueberflus wachsen,
und der Preis fallen. Es wachse die Zahl der
Käufer, alles übrige ebenfals gleich genommen, so

wei-

werden beyde das Bedürfnis wachſen, und der
Preis ſteigen. Der Preis folglich der Sachen
nimt ſich ab aus der Zahl der Verkäufer, verglichen mit der Zahl der Käufer: jemehr die erſten zu- oder die zweyten abnehmen, deſtomehr wird
der Preis fallen; und je weniger der erſten, und je
mehr der zweyten werden, deſto mehr wird der Preis
ſteigen. Es ſey mir erlaubt, die Sprache jener
Wiſſenſchaft welche die Größen erwiegt, zu gebrauchen, weil eben von Größen hie die Rede iſt, und
ich mich anders nicht mit Genauigkeit auszudruken
weis. Der Preis der Sachen, iſt in geradem
Verhältnis zur Zahl der Käufer; und in umgekehrtem zu der Zahl der Verkäufer.

§. 11. Wichtige Folgerung: Grundſäze der Wirthſchaft.

Iſt nun der Handel von Nation zu Nation,
anders nichts denn ein Fördern der Waaren; wird
dieſes Fördern von dem Vortheil verurſacht; hängt
dieſer von dem einzigen Unterſchiede des Preiſes ab;
entſteht dieſer Preis durch die Vergleichung zwiſchen
der Zahl der Käufer und der Zahl der Verkäufer:
So ergibt ſich als eine Folge, daß eine Nation
deſto mehr Abſaz für den Ueberſchus ihrer Waaren
bey den Ausländern finden wird: je größer bey ihr
die Zahl der Verkäufer dieſer Waare iſt; und klei-

ner die Zahl der Verkäufer in dem Lande, dem ſie dieſelbe zuführen ſol; und umgekehrt, kleiner die Zahl der inländiſchen Käufer, und größer die Zahl der ausländiſchen Käufer. — So wird eine Nation deſto weniger von auswärtigen Waaren bekommen, je mehr ſie Verkäufer davon, und weniger Käufer haben wird, und je weniger es Verkäufer und mehr Käufer davon in den fremden Ländern geben wird.

5. Abſchnit.
Algemeine Grundſäze der Wirthſchaft.

§. 1. Anzeige dieſer Grundſäze.

Dieſe Grundſäze, welche die urſprünglichen ſind, und welche mir erwieſen zu ſeyn ſcheinen, dienen zum Grundſtein bey mehreren Anſtalten, die man gern verſuchen möchte, um die Emſigkeit eines Volks zu befördern, und die Bevölkerung, das Vermögen, die Stärke, und die Bildung eines Staats zu vergrößern. Die Anzahl der Verkäufer, ſo weit man immer kan, vermehren; Die Anzahl der Käufer, ſo weit man immer kan, vermin-

mindern. Dieses sind die Angeln, auf welchen
sich alle Anstalten der Staatswirthschaft herumdre-
hen. Denn, muß die Vermehrung der jährlichen
Erzielung der Zwek der Staatsklugheit seyn; und
ist dieser nicht anders zu erreichen als durch einen
leichten und hurtigen Abzug des ganzen Ueberrests
von den innern Bedürfnissen des Staats; und läßt
dieses sich nicht erhalten als nur in dem Maas, wie
der inländische Preis kleiner als der auswärtige ist;
und ist, um diesen Mittelzwek zu erlangen, Kraft
der bereits angeführten Gründe, die möglichste Vermehrung der Verkäufer, und Verminderung der Käufer, nothwendig: So ist die Folge da, diese zween
Puncte müße man allezeit fest im Auge behalten.

§. 2. Vorbereitung zu ihrer Anwendung in der Folge.

Welches werden die Grenzen seyn, bis an welche sich die Anzahl der Verkäufer ausdehnen; welches die Schranken, in welchen man die Anzahl
der Käufer halten, sol? Welches die Mittel, diese Absichten zu erreichen? Werden es vielleicht bindende
und zwingende Geseze seyn? Vielleicht Mittel = oder
Seitengeseze? Diese Gegenstände verdienen untersucht zu werden.

Anmerk. Alle Geseze oder Handlungsweisen liegen in der Natur der Sachen. Diese Selbst

bringt

bringt sie hervor und in Gang, durch Veranlas-
sung und den Stoß, den sie der Vernunft und
dem Willen der in solcher Sache wirkenden und
interessirten Menschen gibt.   Sie bringt sie zu
Stande und in Gang, wenn sie nicht gehindert
wird.   Gehindert: bald und zum Theil durch
diese Menschen selbst; bald durch eine ausser solchem Wirkungskreise befindliche leiten und helfen wollende Gewalt ; bald durch mancherley
auswärtige, solchen Wirkungskreis umgebende
und darein einfliessende Zufälle und Umstände.
Daraus erscheint: die Natur Selbst kan, wegen
Mangelhaftigkeit der Menschen, ihr Werk
nicht immer allein in Gang bringen, und darin erhalten: sie braucht da wo es hebt, auf
Seiten der Menschen nemlich, Hülfe.   Diese
Hülfe von der gemeldeten Gewalt, nemlich der
Obrigkeit, kan förderlich, aber auch hinderlich,
seyn: sie muß also mit Kentnis und Klugheit,
und nur versuchs = und schritweis geschehen. —
Die in einem Wirkungskreise handelnden Menschen, werden von der Natur selbst bald durch
vorkommende Anstöße in ihrem Wirken, bald
durch sich anbietende Vortheile aufgefordert,
selbst auf das rechte Verhalten und auf die
natürlichen Geseze zu kommen.   Allein, nicht
alle merken solche Anläße, manche achten sie
nicht, viele wollen das daraus entspringende
                            oder

oder davon erforderte Gesez und Verhalten nicht.
Daher solte die gesamte Anzahl dieser Menschen
zusammen kommen, das von der Natur ange=
wiesne Verhalten gemeinschaftlich verabreden,
und festsezen; und es sodann handhaben. An=
stat Ihrer kan die bereits vorhandne Obrigkeit
es thun. Diese, als bereits da, ist da wo es
hebt und fehlt, dazu verpflichtet und befugt.
Dazu komt noch dieses: Ein Wirkungskreis
ist nicht allein, sondern unter mehreren drinnen.
Er hat Einflus in sie, und sie in ihn. Folg=
lich mus ein gemeinschaftlicher Oberer auch die=
sen wechselsweisen Einflus heilsamlich leiten,
und bewachen. Es sind also bey allen Wir=
kungskreisen, auch bey denen wo das offen vor
Augen liegende und hörbarst rufende Interesse
selbst scheint das natürliche Verhalten bewirken
und den Obern seiner Leitung überheben zu kön=
nen, ja ihm manchmal zu zu rufen, schone hie
die Freyheit: auch da sind Geseze, und Ver=
ordnungen unentbehrlich. Aber echte Geseze,
und Anstalten! wozu ein weisser Zwek, und
bey der Ausführung Klugheit, mithin Kentnis
und Erfahrung, gehört.

6. Ab=

6. Abſchnit.
Fehlerhafte Vertheilung des Ver= mögens.

Anmerk. Bloſes Geld, todt und ohne wirth= ſchaftliche Bewegung, iſt nicht Vermögen oder Reichthum. Kopf, etwas zu unterneh= men, Aerme, etwas zu arbeiten und zu er= werben, helfen nichts, wenn man ſie nicht ge= brauchen mag, oder darf, oder ſonſt kan. Mag, darf, und kan man aber: da heiſſen ſie Vermögen, ſo gut als in der Nuzung be= griffenes Geld. Alſo: Vermögen, (oder Reichthum, wie dieſes leztere Wort hie vom Verfaſſer verſtanden wird) iſt von gleicher Be= deutung mit Stammvermögen, Erwerbungs= vermögen: Grundgüter, Geld, Nahrungsweg, Kredit, Recht oder Befugnis und Mittel frey zu gewerben und zu erwerben ꝛc. — Die Na= tur vertheilt ſelber das Vermögen gleich, nach ihrer Art gleich, wenn ſie in dem Staate theils kein Hindernis antrift, theils, wo und wann es Noth thut, Hülfe, damit ſie die unter den Menſchen natürlich entſtehenden Anſtöße über= winden kan. S. 1. Abſchnit.

§. 1.

§. 1. Traurige Wirkung von der ungleichen Vertheilung des Vermögens.

Die Anzahl der Verkäufer wird immer bey einer Nation in dem Maas größer seyn, als das Vermögen mit mehr Gleichförmigkeit, und unter Mehrere vertheilt seyn wird. In der That sehen wir, daß in jenen Ländern, wo das Unverhältnis der Reichthümer uns den mitleidenswürdigen Abstand des nakenden verhungerten Volks darstelt, das von den Strassen auf die stolze Pracht einiger Wenigen, die von Wohlleben und Reichthümern überlaufen, hinschaut: daß da die Verkäufer einer jeden, sowohl einheimischen als fremden Waare sehr selten, die Käufer häufig, und die Preise dergestalt hoch sind, daß eusserstwenig Ausfuhr zu den Ausländern möglich ist. Die jährliche Erzielung reicht mit Mühe bis an die Nothdurft; das Land, worauf nur niedergedrükte Menschen oder Unterdrüker wandeln, zeigt seine öde und unfruchtbare Gestalt; alles welkt und schläft, und erwartet entweder einen Gesezgeber, welcher wil, und kan, und weis (höchstglükliches Zusammentreffen!); oder das Eusserste des Elends, welches der traurigste, vielleicht aber der einzige Lehrmeister ist, der mit innigster Ueberzeugung beybringe, welches die Strasse der Wahrheit sey.

§. 2.

§. 2. Wirkung der volkommen gleichen Vertheilung.

Das Akergesez der Römer, das Jubeljahr der Israeliten, unterschiedliche Geseze Lykurgs, und andrer alten Gesezgeber, hatten, wie wir wissen, die Gleichförmigkeit des Vermögens zum Gegenstande. Diese Gleichheit, genau beobachtet, würde die Nacheiferung wegnehmen, und machen daß, weil Niemand den Stachel des Bedürfnisses hätte, alles ermatten, und die Geselschaft sich dem einsamen und wilden Zustande nähern würde. Die Verzehrung würde die blosen Landeserzeugnisse zum Gegenstande haben; und diese jährliche Erzielung würde über die sehr enge Grenze der Landesbedürfnisse nicht hinausgehn.

Bey der alzugrosen Ungleichheit der Güter, gleich so wie bey der volkommen Gleichheit, schrenkt sich die jährliche Erzielung auf das blose Nothwendige ein, und die Gewirbsamkeit wird vernichtet, weil das Volk in Schlaffucht fält: es sey, daß es an einem bessern Leben verzweyfelt, es sey, daß es kein schlimmeres Leben fürchtet.

Anmerk. Stammvermögen besteht, wie man weis, in vielerley ergiebigen Sachen: Grundgütern, Gelde ꝛc. Wären z. B. alle Ländereyen gleichförmig ausgetheilt, so würde doch Keiner sein Gut ungebaut lassen. Nur würde izt manche Fami-

Familie kein so ungeheures Gut mehr, dagegen
manche die keines hatte, izund eines haben;
mancher nicht mehr als Taglöhner, als Pachter
ein fremdes, sondern als Eigenthümer Sein Gut
bauen, dagegen würde izo manche Familie ihr Gut
allein bauen können, und keine Taglöhner mehr
brauchen, deren sie sonst viele nöthig gehabt.
Mancher Handwerker würde izt weniger Gesellen
halten, dagegen hätten manche Gesellen und gesel=
lenmäßige Arbeiter nunmehr ihre eigne Werkstat.
Die menschlichen Bedürfnisse sind so vielerley, daß
keine, noch so begüterte und zahlreiche Familie
sie sich alle selbst in Natur erzielen kan. Eine
Familie, Ein Mensch bedarf also viele andre,
und hinwieder Einen bedürfen viele. Beydes
würde, wenn auch gleich das Vermögen, selbst
auch das Geld, gleichförmig vertheilt wäre,
dennoch die Menschen in steter Bewegung, Arbeit
und Gewirbsamkeit erhalten: wie auch von jeher
die Reichen, gleich den Armen, oft noch mehr
als diese, sich die Ergiebigmachung und Ver=
mehrung ihres Vermögens angelegen seyn las=
sen, und manchmal die mühseligsten Arbeiten,
Gefahren zc. nicht scheuen.

§. 3. Wirkung der Mittelstrasse.

Eine Nation, die zwischen diesen zwey Enden
in der Mitte ist, d. i. wo weder das Volk in den

C   Ban=

Banden einer grauhaften Armuth ſtekt, noch die
Hofnung im Glüke zu ſteigen und ſich zu ver=
beſſern entzogen iſt: dieſe iſt im Stande, die
glüklichſten Einwirkungen, die ſie zum Wohlſtande
treiben, aufzunehmen. Und iſt in dieſem Zuſtande
eine Nation nicht, ſo wird zuvörderſt nöthig ſeyn,
ſie darein zu bringen.

§. 4. Mittel, eine gehörige Vertheilung zu befördern, und die ungleiche zu verhindern.

Die Mittel, alzuſehr zuſammengehäufte Güter
zu zerſtüken und zu zertheilen, und die Glüksgüter
unter eine größre Anzahl von Menſchen herum zu
bringen, können niemals geradezu wirkende Mittel
ſeyn: weil dies ein Eingrif in das Eigenthum wä=
re, welches die Grundlage der Gerechtigkeit in jeder
geſitteten Geſelſchaft iſt. Umwegs wird ſich dies er=
reichen laſſen, wenn in der Erbſchaftsordnung von
dem Geſezgeber alle Kiuder ohne Anſehn des Ge=
ſchlechts, und der Geburtszeit einander gleichgemacht
werden; wenn kein Stük Landes, und kein Gut von
dem Kreislaufe der Käufe unveränderlich abgeſondert
bleibt; wenn einige ausſchließende Prachtsarten, die
ſich die Großen zueignen, entweder ihnen, wenn ſie
Eigenmächtigkeit und Unbefugnis zum Grunde ha=
ben, weggenommen, oder einer größern Anzahl ge=

mein=

mein gemacht werden; wenn einige Gattungen von
Luxus, blos zum Großthun, und mit ausländischen
Waaren getrieben, nacheinander, mehr durch das
Beyspiel des Gesezgebers als durch erlassene Befeh=
le, landesverwiesen werden; kurz, wenn man solche
Seitenmittel spielen läßt, die, wiewohl sie anfäng=
lich langsam anschlagen, dennoch, in Thätigkeit er=
halten, nicht ermangeln den Erfolg zu bewirken, und
die unter Wenige zusammengehäuften Güter unter
eine größere Anzahl zu verbreiten.

7. Abschnit.
Von den Zünften der Kaufleute, und Handwerker.

Anmerk. 1. Unsers Verfassers Grundsaz ist: der
Staatswirth sol, mit Weglassung der Leit=
zäume, die Natur selbst wirken lassen, und ihr
nur die Anstöße aus dem Wege räumen. Wenn
das erstere in einem Lande geschehe, und den=
noch das Nahrungswesen in keinen rechten Gang
kommen wolle: so sey dies kein Beweis gegen
die Nüzlichkeit solcher Freyheit, vielweniger
sey eben Sie Schuld daran, daß die Gewerbe
schlecht gehen; sondern die Ursache sey, daß

die

die Hindernisse nicht weggeräumt werden. Das erste und das zweyte müsse zugleich geschehen, wofern das erstere anschlagen , und dadurch selbst auch das zweyte, mittelst der kräftigen und glüklichen Einwirkung der Natur , erleichtert werden solle.   Daher

2. für sich allein und abgesondert muß kein Vorschlag und Abschnit dieses Buchs befolgt, und durch practische Versuche geprüft werden. Sonst könte es den Ruf einer Projectensamlung, aber ohne seine Schuld, bekommen.   Diese Lehre des Grafen von Veri ist ein Ganzes : jeder Theil wird erwünscht wirken, wenn die übrigen in Bewegung gesezt werden; keiner wird, wenigstens den ihm sonst möglichen Erfolg, hervorbringen, wenn man blos Ihn ins Werk sezt oder vielmehr erzwingt, und die übrigen liegen und ruhen läßt.

§. 1. Folgen der Gewerbfreyheit bey einer durchgehends wohlhabenden Nation.

Bey einer Nation also , wo die Güter erprieslich vertheilt sind , dergestalt daß das Volk die natürliche Nothdurft reichlich findet, und durch Emsigkeit ein jeder auch Bequemlichkeiten zu genießen hoffen darf: bey der Nation, sage ich, würde es genug seyn, daß die Geseze kein Hinderniß gestelt hätten,

wenn

wenn die Zahl der Verkäufer jeder Waare die möglich gröste nach ihren Umständen werden sol. Denn
wo die Emsigkeit fesselfrey, und ihrer ganzen natürlichen Wirksamkeit mächtig ist, da fliest zu jeder
Handthierung, um sie zu treiben, eine solche Anzahl
herbey, als das Erträgnis, so daraus komt, zu
erhalten fähig ist.

§. 2. Fast überal sind Gewerbgeseze, und Vorschriften.

Allein, in allen Ländern, da mehr dort weniger, wurden die Gesezgeber durch einen übelbedach-
ten Ton von Ordnung und Ebenmaas verführt, und
suchten jene selbstthätige Bewegung der Geselschaft
abzuzirkeln und zu formen: deren Geseze, durch auf-
merksame Untersuchung der politischen Erscheinungen,
sich zwar einsehn, nie aber voraus verschrei-
ben lassen. Wie es mit den Sprachen ging, daß
die Grammatiker sie nie nach ihrem Gefallen einrichten, wohl aber, nach dem sie von einem Haufen
Menschen mit freyer Wahl gemacht waren, sie untersuchen konten; und die Weltweisen sie hindennach
zergliederten, und ihre Aehnlichkeiten gegen einander
hielten. Der Gedanke, jede Kunst und jedes Gewerb
in einen Körper zu vereinigen, und diesem Körper
seine Sazungen zu geben, die Lehrjahre, die Prüfung, und die zur Aufnahme erforderliche Beschaf-

C 3   fen

senheit vorzuschreiben, kam bey allen Völkern auf,
und besteht noch bey dem größten Theil.   Er führt
ein Ansehn von Weisheit, und von kluger Vorsicht
mit sich.   Auf solche Weise, scheint es, werde die
gute Bedienung des Publicums, die Volkommenheit der Handthierungen, die Treue beym Handeln,
versichert; und verhindert, daß nicht Leute ohne
Sitten und Uebung die Bürger anführen, und die
Landeserzielungen bey den Ausländern um den Cre-
dit bringen können.

§. 3. Schädliche Wirkungen solcher Zünfte.

I. Wer sich aber daran gibt, diese Einrichtungen in der Nähe zu untersuchen, wird finden, daß
die gewöhnlichen Erfolge davon sind: die Gewirbsamkeit der Bürger zu erschweren; in die Hände Weniger die Künste und die unterschiedlichen Aeste des
Handels zu zwingen; die Handwerker und Handelsleute den Lasten von mehrerley Abgaben zu unter-
werfen; und alle Handthierung beständig in der Mit-
telmäßigkeit, und zuweilen auch unter derselben,
zu halten.

II. Unaufhörliche Streitigkeiten zwischen Zunft
und Zunft, und zwischen Zunft und Gliedern; wol-
lüstige und eitle Ausgaben aus der Lade, die hernach jedem Zunftgenossen zur Last fallen; Zeitverder-
bun-

bungen mit unnüzen Formalitäten, und wunderli=
chen Zunftverrichtungen; je und je Plünderung
der winzigen Magistrate dieser lächerlichen Repub=
liken; Neidseligkeit, Haß, Kriege gegen jeden, der
sich untersteht erfahrner, oder nachsinniger zu seyn.
So ist das Schauspiel, das diese Innungen, in der
Nähe betrachtet, gewöhnlich geben.

III. Sie sind von einem Geiste von Zusammen=
kettung und Alleingewerbe beselt, der sie treibt den
Nuzen ihres Gewerbs unter eine so kleine Bande
als möglich ist, zusammen zu zwingen: und da sie
$\mathfrak{se}$, wie sich auch aus den Folgen zeigt, wie grund=
los die Hofnungen waren, die man bey ihrer Auf=
richtung hatte.

IV. Die Prüfung die sie mit den Zünftlingen
vornehmen, lauft gemeiniglich auf eine Schazung
hinaus. Wodurch ein tüchtiger aber armer Bürger
dahin gebracht wird, entweder das Vaterland zu
verlassen, oder sich zu etwas anders zu wenden.
Und durch solche Prüfung wird das Publicum ja
nicht gesichert, daß es nicht die elendesten, von
diesen Meisterschaften freygesprochenen, Arbeiter
hätte, wovon man die Erfahrung in jedem Lande se=
hen kan. — Und was ich von der Tüchtigkeit sage,
das erstrekt sich auch auf Treue und Glauben, wo=
mit die Menschen, sie seyen in Innungen eingeschrie=
ben oder sie seyen frey, auf einerley Weise umgehen,

C 4   so=

sobald die Anlokung zum Gewin bey ihnen stärker, als ihre sitlichen Grundsäze, ist.

V. Die einzige Wirkung also, die diese Körper hervorbringen, ist, daß sie die Zahl inländischer Verkäufer mindern, folglich den Preis der Waaren vergrößern, die Zahl der Käufer verkleinern, der Betriebsamkeit des Fleisses einen Zaum anlegen, und die jährliche Erzielung verringern.

§. 4. Die Apotheker, Goldarbeiter, Tuch= macher und Gerber brauchen eine klu= ge Leitung und Aufsicht.

Eine Kunst gibt es, die man nothhalben nicht gänzlich frey lassen mus, und diese ist die Apothekerkunst; alzusehr würde sonst die Gesundheit des Volks gewagt werden. Ihrer Anzahl Grenzen zu sezen, steht nicht bey der Staatswirthschaft, sondern bey den Fortschritten der weisen prüfenden Arzneykunde. — Die Silberarbeiter, die Tuchmacher, die Gerber werden besser aufkommen bey völliger Freyheit mit dem einzigen Bedinge, daß das Gewährzeichen der Nation auf keines, denn wahres Gold und Silber, und gesez= und sazungsmäßig bereitetes Tuch und Leder gesezt werde.

§. 5.

§. 5. Die Zünfte aufzuheben, ist nicht unmöglich; und es hat erwünschte Folgen.

Die alten Privilegien der Handwerksinnungen, die Schulden womit sie nicht selten sich beladen finden, sind kleine Gegenstände, und durch kluge Staatskunst leicht zu heben. Tragen diese Körper eine besondre Auflage, so wird es immer leicht seyn einen Gegenstand zu finden, auf den sie unschädlicher gelegt werden.

Man öfne jedermann die weite und freye Strasse seine Emsigkeit, wo er am meisten Lust hat, zu üben. Der Gesezgeber gestatte es, daß sich die Verkäufer in jeder Classe vermehren. In kurzem wird er sehn die Nacheiferung, und das Verlangen nach einem bequemern Leben die Köpfe aufweken, die Hände seines Volks hurtiger machen, die Künste sämtlich sich vervolkomnen, die Preise fallen; den Ueberfluß, von dem Weteifer, seinem unzertrennlichen Gefehrten, geleitet, allerwärts hinströhmen. Und wie der Baum, in den öden Räumen die wir Gärten nennen, künstlich angeknüpft und im Zwange, schmachtet und kümmerlich fortkomt, solang der Saft der ihm Leben gibt, durch jene Bande gefesselt ist; aber ihm, wenn er davon los wird, der Lebensgeist in die Aeste läuft, die Blätter wieder ergrünen, der Nahrungssaft sich frey verbreitet,

und

und er sich frisch gegen den Himmel erhebt, mit sei=
nen Früchten die weise Hand, so die Natur entfesselt
hat, zu belohnen: So mus es in der Gesellschaft gehn,
daß Alles Athem und Leben krigt, und in Wärme
geräth, wenn das Verlangen sein Schiksal zu verbes=
sern, kein Hinderniß antrift, gegen alle Seiten hin=
streben, weit und breit und sicher herschen darf.

§. 6. Einer Einwendung wird begegnet.

Das Urtheil des Käufers ist allezeit am unbe=
fangensten und billigsten: und den ungeschikten wie
den unehrlichen Verkäufer wird man stehen lassen;
und aus Mangel von Gewin werden beyde gezwun=
gen seyn, entweder gut zu werden, oder aus dem
Handwerke zu treten.

Die Zünfte der Künste und Gewerbe bringen al=
so das Gute nicht, wozu sie aufgerichtet wurden; sie
streben die jährliche Erzielung zu ringern, und die
Nation der Verödung zu nähern. Schaft man sie
daher ab, so thut man ein sehr gutes Werk, und
die Verkäufer werden sich heilsamlich vermehren.

Anmerk. Ein= und untertheilung einer großen
Menge von Menschen in mehr untere Instan=
zen, ist nöthig und heilsam. Aus diesem Grun=
de sind die Zünfte es auch. Dieses aber ist der
Abschaffung schädlicher Unordnungen bey den
Zünften nicht entgegen: so wie diese Abschaffung
nicht

nicht braucht die Aufhebung der Zünfte selbst, als
nüzlicher Unterinstanzen, nach sich zu ziehen.

8. Abschnit.
Von den Gesezen, welche die Ausfuhr der Waaren aus dem Lande binden.

§. 1. Gründe des Ausfuhrverboths.

Ein anderes Hinderniß kömt der Vermehrung der
Verkäufer durch die Geseze in den Weg: Es
ist das Verboth gegen die Ausfuhr eines rohen Lan-
deserzeugnisses. Man hat geglaubt, durch die natürliche Bewegung des Handels könte auch ein
Theil von dem zum Nationalverbrauch Nothwendigen weggehn. Bey den Lebensmitteln vornehmlich
drang diese Besorgnis vor: und, nach einem väter-
lichen und ehrwürdigen Grundsaze, wurden fast in
allen Ländern Geseze bekant gemacht, welche das
Wegführen der schäzbareren Landeserzeugnisse verbieten. Auch die Kunstmaterialien, ward verbothen,
den Ausländern zuzuführen, in der scheinbaren Einbildung, die inländische Veredlung empor zu treiben, und die Ausländer zu verhindern in Mitwerbung
zu kommen.

§. 2.

§. 2. Unterſuchung ſolcher Verbothe. Er=
folg: wenn ſie beobachtet, und wenn
ſie nicht beobachtet werden.

I. Entweder werden dieſe bindenden Geſeze
durchgehends von jedem Bürger beobachtet, oder
nicht. Wird das Geſez algemein beobachtet, und
jede Ausfuhr phyſiſch verhindert: ſo ſage ich, daß
der Anbau dieſer Gattung ſich werde unfehlbar auf
den bloſen Landesverbrauch begrenzen müſſen, weil
jedes Stük über dieſen Verbrauch, von keinem Wer=
the ſeyn würde. — Ja, alle die kleinen Beſizer,
und Verkäufer dieſer Feilſchaft werden, aus Furcht
vor dieſem Unwerthe, der Liſt einiger wenigen
Reichen und Rührigen weichen, und dieſe ſie zuſam=
menkaufen. Und ſo wird, mit Herabbringung der
Anzahl der Verkäufer auf Wenige, der inländiſche
Ueberflus abnehmen.

II. Können aber Gewiſſe dem Geſez entgegen=
handeln, oder es hindergehn, ſo iſt es augenſchein=
lich, daß bey dieſen Gewiſſen die beſchrenkte Waa=
re ſich zuſammenhäufen wird. Und dieſe können es
vortheilhaft finden, den Staat davon in großen La=
dungen auszuleeren, und jenen Mangel ins Land
bringen, dem man eben durch die Bande zuvorzu=
kommen ſuchte. — Die Staatskunſt iſt vol von
abentheuerlichen Säzen, weil die Fäden euſſerſtzart
ſind, wodurch die Wirkungen an den Urſachen haf=
ten,

ten, und weil der Menschen Aufmerksamkeit die Ge=
genstände so anschaut, wie sie in großen Massen ver=
einigt, und nicht so wie sie in ihren Bestandtheilen
unterschieden, sind.

§. 3. Nicht die Natur, sondern solche künstliche Fesseln bringen Mangel und Theurung.

III. Die Erde wo wir wohnen, bringt jedes
Jahr wieder einen der algemeinen Verzehrung ge=
mässen Vorrath; der Handel hilft mit dem Ueber=
flüßigen eines Landes, dem Bedürfnis eines andern
aus; und, durch das Gesez der Ununterbrochenheit,
komt Bedürfnis und Ueberflus, nach einigem
Auf= und Niedersteigen, auf seine Zeit ins Gleich=
gewicht. Es ist ein schwermüthiger Irthum, die
Menschen als dahin gebracht anzusehn, daß sie wür=
feln müssen, wer Hungers sterben solle. Last uns
dieselben mit ruhigem Auge betrachten, so werden
wir wahrere, und tröstliche Begriffe bekommen.
Als Brüder einer ungeheuern auf dem Erdballe zer=
streuten Familie, getrieben uns wechselsweis zu hel=
fen, werden wir sehn, daß der große Beweger des
Wachsthums uns mit so viel als Noth thut die Be=
dürfnisse des Lebens zu befriedigen, reichlich ver=
sorgt habe. Die künstlichen Bande allein konten die
Staaten zu Besorgnissen des Hungers bringen:
welche,

welche, bis zu einem gewissen Puncte gestiegen, ihn
sicher erzeugen, wenn auch Vorrath gnug ihn zu
sättigen da ist. Die meisten Theurungen sind nicht
physisch, sondern in der Einbildung: jener Einbildung, die als Königin der Welt, Wohlfahrt und
Elend beyde über die Menschen und die Reiche aus-
theilt, mit größerer Gewalt und Sicherheit, als alle andre physische Wesen, zusammen verbunden,
nicht thun.

§. 4. Solche Geseze sind auch unnöthig.

IV. Ich sage, daß die verbietenden Geseze entweder verödend oder unnüze sind. Ich habe bewiesen,
daß sie verödend sind, weil sie die Anzahl der Verkäufer mindern: es ist übrig zu beweisen, wann sie
unnüze seyn. Sie sind es, wenn ein Land von der
gesperrten Gattung nichts überflüßiges hervorbringt.
Daher sage ich, daß das zum Landesverbrauch
Nothwendige niemals aus einem Lande, wo die
Natur allein den Handel regiert, gehen kan.
Denn kein Verkäufer findet sonstwo eine größere Anzahl Käufer, als im Lande; und daheim findet er
sie ohne die Gefahr, oder die Verzögerung des Ver-
sendens, dessen Kosten ein Damm seyn werden,
welcher den der Verzehrung gemäßen Vorrath allezeit in dem Lande behalten wird.

§. 5.

§. 5. Algemeine Beurtheilung solcher Verbothe.

Ausfuhrverbothe sind demnach Hinderniſſe für die freye Ausdehnung der Emſigkeit; ſie ſind überdies eine leichte Quelle von Beſtechung, dergleichen allezeit ein wilkürliches Geſez iſt, wo es für viele Bürger ein Vortheil wird, es entweder durch Gunſt entkräftet, oder hindergangen zu ſehn.

9. Abſchnit.
Von der Freyheit des Getreidehandels.

§. 1. Einleitung: Zwey Uebel ſol freyer Kornhandel bringen.

Es ſey mir erlaubt, bey einem Theil dieſes Gegenſtandes, nemlich bey der Freyheit des Fruchthandels, zu verweilen: in Anſehung welcher die gemeine Meynung der Schriftſteller noch bis izo nicht hat können Vieler ihre Furchtſamkeit beſiegen. Die Sache iſt eine Angelegenheit: und die Gründe die ich izt ſagen wil, werden, glaube ich, Stärke haben.

Zwey

Zwey Uebel befürchtet man von dem freyen Kornhandel. Das erſte Uebel iſt, daß es in dem Lande daran gebrechen werde. Das andre Uebel iſt, das Getreide ſteige auf einen ſo hohen Preis, daß er das Volk niederdrüke. Laſt uns dieſe zwo Gefahren unterſuchen.

A. §. 2. Erſtes Stük: Unterſuchung, ob freyer Kornhandel einen Fruchtmangel verurſache?

Unterſuchung, ob die Freyheit oder die Sperrung des Kornhandels, das erſte Uebel, nemlich Mangel an Frucht verurſache.

I. Wirkungen des freyen Getreidehandels.

Damit ein Handel geſchehe, iſt nicht genug daß er frey iſt: er mus nüzlich ſeyn. Der Nuzen einer Verſendung entſteht' aus dem Unterſchied des Preiſes. Dieſen Grundſaz verliere man nie aus dem Geſichte. Dieſen angenommen, ſage ich ſo:

1. Der Preis wird nie zu hoch.

Wo immer das Verhandeln einer Waare frey iſt, da wird, ſobald ein merklicher Unterſchied zwiſchen dem in= und dem ausländiſchen Preis erſcheint,

und

und zwar ein Unterschied der die Kosten der Fracht und der Abgabe übersteigt, ein Gewin dabey seyn, die Waare dahin zu führen, wo der Preis höher ist; und sobald Gewin dabey ist, so fließen da die Besizer der Waare in die Wette zusammen, um an diesem Gewin Theil zu nehmen, und mit desto größerer Hize, je größer der Gewin ist; und so lange bis der Gewin aufhört.

Dieses zeigt, daß da wo der Handel frey ist, es keinen merklichen und dauerhaften Unterschied des Preises geben kan, sondern dieser natürlich zwischen den unterschiedlichen an einander grenzenden Provinzen wagerecht werden muß. — Hieraus folgt, daß, wenn eine gangbare Waare durch unversehene Sprünge im Preise fält und steigt, und wenn ihr Preis merklich und beständig von einer Gegend zur andern unterschieden ist, man sagen muß, daß dieses eine künstliche Bewegung, Wirkung von Banden, und von den verhinderenden Anstößen des Handels sey. — In den Ländern wo dieser Handel frey ist, erhält sich der Getreidepreis in gleichförmigem Stande. Jene unvermutheten und sprungmäßigen Veränderungen im Fruchtpreise, die man in den gesperten Ländern sieht, machen Einige beym blosen Namen der Freyheit zittern, weil sie sich einbilden, daß, bey diesem Wellengange des Preises, das Land Zug auf Zug ausgeleert werden könte. Dieser Schluß

D   fehlt,

fehlt, denn er nimt den Erfolg an, nachdem die
Urſache davon aufgehoben wäre.

2. Nie kein Mangel an Frucht.

Geſchieht die Verſendung einer Waare nach dem
Maas des Nuzens, der dabey iſt; ſteht dieſer Nuzen
mit dem Ueberſchuſſe des ausländiſchen Preiſes über
den inländiſchen in Verhältnis; iſt dieſer Ueberſchus,
bey der Freyheit, der möglichkleinſte: So folgt, daß
bey dem freyen Handel, die möglichkleinſte Anzahl
Getreides aus dem Lande gehen, und man es nie
werde in größerem Ueberflus im Lande haben können: es wäre denn, daß alle Ausfuhr davon nicht
nur ſchlechterdings verbothen wäre, ſondern auch
ausdrüklich verhindert würde. In welchem Falle
die jährliche Erzielung davon um ſo viel, als das
überflüßige den jährlichen Verbrauch überſteigende
Getreide beträgt, wie gedacht, abnehmen, und ſich
die Nation der kommenden Gefahr der Theurung
nähern wird.

II. Prüfung der Getreideſperre.

1. Unmöglichkeit, ſie zu behaupten.

Allein, dieſe phyſiſche Einſperrung ſteht alzu-
ſchwer zu erhalten. Die Privatnuzen helfen durch
ihre Mehrheit zuſammen, das Geſez zu hindergehen.

Die

Die vielfältigen Achthaber sind allezeit der Ueberli=
stung, oder Bestechung ausgesezt. Die Grenzen
genau durch Gewalt zu verwahren, dazu ist keine
bestandhabende Einrichtung möglich.

Daher ist es in den gesperten Ländern gewöhn=
lich, daß, wenn die Erndte den Landesverbrauch
übersteigt, der Fruchtpreis zur Zeit der Erndte
spotniedrig ist: weil der Verkäufer mehrere als der
Käufer sind. Einige Alleinhändler, die die gemei=
ne Sperre benuzen, und durch eine verwünschte Kunst
Mittel besizen, sich der Strenge des Gesezes zu
entziehen, die werden sich Meister davon machen:
ist dies geschehen, so wird der Preis steigen, weil
die Verkäufer auf Wenige gebracht sind. — Aus
ihren Händen wird es in großen Lasten zu einem
auswärtigen Alleinhändler gehen. Und so wird der
Vortheil davon wegzusenden, immer bestehn, weil
die ausländischen Verkäufer nicht zugenommen ha=
ben. Daher wird dieselbe Menge, welche, frey und
kaufmännisch verhandelt, die Preise wagerecht ge=
macht hätte, aus dem Lande gehn, ohne sie wage=
recht zu machen; und der inländische Preis, anfangs
geringer als der wahre gemeine Preis, wird den
Strahl jenes Kreises von Verhältnissen, worin der
Handel mit dem Auslande steht, verlängern: wo=
durch die gesperte Nation, dahin gebracht entfern=
teren Völkern Unterhalt zu geben, in Gefahr von
Mangel seyn wird. So ist die Reihe der Dinge,

die

die aus den directen und ſperrenden Geſezen ent-
ſtehen.

2. Unmöglichkeit einer gemäßigten Frucht-
ſperre.

Würden aber Perſonen geſezt, die Fruchtver-
ſendungen zu erlauben, damit, nach Verſicherung
des Nothwendigen für das Land, das Ueberflüſſige
Abzug hätte: ſo wird dieſer, beym erſten Anblik
höchſtkluge Einfal, in der Ausübung ſich unausführbar zeigen. Es iſt nicht möglich, jedes Jahr, nicht
einmal eine ungefehre und nahe hinzutreffende, Berechnung über die Anzahl des geerndten Getreides
zu machen. Folglich wird man, geſezt die wahre
jährliche Verzehrung ſey bekant, nicht beſtimmen
können, wie hoch ſich jedes Jahr der Ueberſchus be-
laufe. — Ueberdies wird dieſe, wiewohl euſſerſt
unrichtige, Rechnung erſt mehrere Monate nach der
Erndte fertig ſeyn. Daher wird alle Kornbeziehung
die ganze Zeit über bis zur Volendung der Rechnung müſſen anſtehen, das heiſt, die ganze Zeit
durch, in der die Grundbeſizer werden von dem un-
erbitlichen Bedürfnis genöthiget geweſen ſeyn, es zu
verkaufen; und dieſe Waare wird bereits alleſamt
bey den Alleinhändlern zuſammengehäuft liegen, bevor man damit handeln darf. Siehe da die Urſache, warum die Länder, welche die Kornausfuhr
blos

blos nach Vorschrift Zeit und Maas erlauben, sich ziemlich oft den Gefahren aussezen, entweder das Land auszuleeren, oder zu machen, daß kein Käufer da ist, und dieser wichtigste Ast des Akerbaus abnimt.

3. Unnöthigkeit der Fruchtsperre.

Von allen, auch den nothwendigsten Waaren fürs gemeine Leben, Oel, Wein, Salz, Leinwand rc. fehlt dem Lande nie das Nöthige, so frey auch das Handeln damit, und das Versenden seyn mag. Warum fürchtet man denn, die Waare Getreide möchte aus dem Lande gehn, und das Nöthige davon fehlen, wenn das Gesez nicht herbeyeile, die Ausfuhr davon zu verhindern? Vielleicht wird man sagen, daß das Korn eine geschäztere Waare, als jede andre, sey. Man bemerke aber, daß sie es eben so für uns wie für die Ausländer ist: daher, gleiche Größen zu dem einen und dem andern Theil gesezt, werden die Verhältnisse zwischen uns und den Auswärtigen gerade so bleiben, wie sie es bey jeder andern weniger schäzbaren Waare sind.

Die physische Nothdurft kan nie aus einem Lande gehn, welches Handelsfreyheit hat: denn, wo Mitwerbung ist, da kan es keine Alleinhändler geben. Der Vortheil eines jeden Bürgers wacht auf

D 3   das

das Ansichreissen eines jeden Bürgers, und so Viele
häufen sich um die Wette zusammen, am Nuzen
Theil zu nehmen, daß dieser immer unter die mög=
lich = gröste Anzahl vertheilt wird: daher es komt,
daß jene lästige Zusammenhäufungen, die man in
den gesperten Ländern sieht, physisch unmöglich in
den freyen Ländern sind. — Wird mithin die
Waare aus dem freyen Lande gehn, so wird sie in
vielen und wiederholten Fuhren, sie wird stuffen=
weis ausgehn; und in dem Maas wie die Nach=
fragen werden zunehmen, wird der Preis steigen,
indem nichts heimliches da vorgehen kan, wo die
Betriebsamkeit des Menschen den Sporn des Nuzens
hat, um auf das Ansichreissen des andern zu wa=
chen. — Offen, auf den Märkten werden die
Käufe geschehn, und dadurch wird der einheimische
Preis der Waare so weit steigen, daß es den Frem=
den nicht mehr anstehn wird sie zu kaufen: und von
sich selbst wird die Natur der Sachen das Ausser=
landesgehn untersagt haben, beym ersten Annähern
der Gefahr daß mehr als der Ueberschus ausgehn
möchte. Denn, der Fremde wird unsre Waare im=
mer so zahlen müssen, wie wir sie zahlen, nebst
der Fracht, und den Ausgangsrechten. Der
Kreis der Verhältnisse jedes Landes zu den benach=
barten, ist begrenzt; und jedes an uns liegende Land
wird Mittelpunkt eines andern Kreises, und so
von Nachbar zu Nachbar. Durch welche Verknüp=

fung

fung es geschieht, daß, wenn bey uns der Preis auf einen gewissen Punct steigt, der Angrenzer sich wegwenden wird, den Rest seines Bedürfnisses anderswo zu suchen.

III. Beyläufige Betrachtungen.

1. Ob freyer Kornhandel einzig für fruchtarme Länder tauge?

Etliche geben eine Meynung vor, die Verwunderung erweken kan, aber nicht Ueberzeugung. Daß nemlich den unfruchtbaren Ländern die Freyheit tauge, und für die fruchtbaren gefährlich sey. Man bedenke, daß die fruchtarmen Länder gleichwohl Getreide besizen: weil sie es aus der Fremde bekommen. Der zu ihrer Verzehrung nöthige Theil, den sie von den Auswärtigen erhalten haben, könte aus diesem Lande nicht gehn, ohne Hungersgefahr. Entweder kan nun das Nothwendige nicht ausgehn, oder es kan es wirklich. Kan es nicht: warum die Sperre in den fruchtreichen Ländern loben? Diese wird also keine Ausfuhr hindern, als die vom Ueberschus: zum Ruin des Akerbaus; oder, mittelst Alleinhändler, wird sie ausser dem Ueberschus auch einem Theil vom Nothwendigen hinaushelfen, und einen Mangel verursachen, den man nicht erfahren hätte, wenn diese Gleichgewichtigung wäre der weisen Natur der Sachen überlassen worden. —

D 4   Behaup-

Behauptet man aber, daß bey der Freyheit das
Nothwendige weggehn könne: wo immer wird doch
diese Freyheit mehr zu verbannen seyn, als in jenen
Ländern, wo das erste Malter, das herausginge,
ein Todesurtheil über einen Bürger seyn könte?

2. Das Saatkorn bleibt ohne Sperre im Lande.

Man mus sich wundern, daß mitten in dem
ganzen Neze von Banden, das in den vorigen
Jahrhunderten geknüpfet ward, nie Keinem beyge-
fallen ist, auch die Verwahrung des Saatskorns zu
verflechten. Wirklich, wolte man den Zwanggrund-
säzen folgen, welche den Hang zum Wohl nicht als
der Natur der Sachen selbst eigenthümlich voraussezen, sondern ihr diesen Hang einzudruken suchen:
was könte man nicht sagen, um gemeine Gemüther in Furcht zu sezen, und sie die Sperre des
Saatkorns als das heilsamste, und vorsichtigste Verboth ansehn zu lassen! Daßelbe ist ein sehr merklicher
Theil der Erndte, und wird wenigstens der vierte
Theil seyn. „ Und was wird das Land werden, könte man sagen, wenn die Unbesonnenheit,
oder die Fräßigkeit diesen Keim der künftigen
Erndte von den Speichern holen, und ihn mah-
len wird? Der Reiz des Nuzens ist immer drin-
gend; der Mensch opfert die Bedürfnisse des
                                        künf=

künftigen Jahrs den gegenwärtigen auf. Darum nöthige man jeden Inhaber, einen verhältnismäßigen Vorrath von Getreide unter öffentliche Verwahrung zu hinterlegen, um sein Feld zu besäen. „ Gleichwohl that man dieses nie: hat es deswegen jemals an Getreide zur Aussaat gefehlt? Nie nicht. Weil eines jeden sein Privatnuzen, wenn er mit dem öffentlichen Nuzen zusammentrift, immer der sicherste Währmann der öffentlichen Glükseligkeit ist.

B. §. 3. Untersuchung, ob freyer Kornhandel das zweyte Uebel, nemlich Theuerung, verursache?

I. Wirkung der Getreidesperre auf den Preis. Sie erhöht ihn, und zwar übermäßig: nicht aber zum Nuzen des Fruchterzielers, sondern zu seinem Ruin.

Befürchtet man aber nicht den Mangel an Getreide, sondern die Unmäßigkeit des Preises, als eine Folge der Freyheit: auch diese Furcht ist ungegründet. In einem gesperten Lande ist zur Zeit der Erndte der Preis schlecht, indem, wie schon gesagt, der Besizer nur wenige Käufer seines Ueberschusses

D 5 antrift.

entrist. Ist sodenn das Korn in wenige Hände von
Alleinhändlern zusammengehäuft, da steigt der Preis
auch im Lande: weil die Handwerker, und der größe Theil der Einwohner in Städten, ein alltägliches
Heer von Käufern ausmachen. Daburch bleibt den
größten Theil des Jahrs das Korn nicht auf dem
Wagestande von Preis, welcher nüzlich, ja, zur
Unterhaltung des Handwerks im Lande, nothwendig
wäre. — Die Wirkung der Bande ist, den Stand
des einheimischen Preises zu erhöhen; und weit
mehr den ausländischen, bey jenen Völkern welche
die Waare von uns nehmen. Denn die Wirkung
der Bande ist, die Waare in wenige Hände zu sam-
meln: indem jedermann einer Erzielung, womit er
nicht frey gewähren darf, bald los zu werden sucht;
und etliche wenige Freyleute die gemeine Sklaverey
benuzen, um ganz allein einen ausschließenden Handel zu treiben, der um so viel verführerischer ist, als
das Glük das er verheist, größer und schneller ist. —
Umsonst wird das Gesez gegen die Alleinhändler ei-
fern; verderben wird es einige können: auf dem
Fuße aber werden ihnen andre folgen. Der Vortheil bey diesem Betrug ist zu gros, und es wird
immer zu viel Mittel geben, daß der Reiche die un-
teren Aufseher des Gesezes einschläfern kan. Allezeit,
solange Sperren da seyn werden, wird es Alleinhändler geben; und solang diese da sind, wird die
Zahl der Verkäufer in dem gewöhnlichen Laufe des
                                        Jahrs

Jahrs klein seyn gegen die Käufer: mithin muß der Preis alzeit hoch seyn.

II. Wäre ein, aus dem freyen Kornhandel entstehender, hoher Preis schädlich?

Man seze, was nicht ist, und gebe zu, daß der Fruchtpreis bey der Freyheit höher seyn würde, als er bey der Sperre ist: bevor sodann entschieden wird, ob es dienlich sey das Getreide in hohem, oder aber in geringem Preise zu haben, muß untersucht werden, bey welchem von beyderley Fällen der größere Theil der Einwohner Vortheil finde: denn der öffentliche Vortheil ist Nichts anders als die Summe von den Vortheilen der einzelnen Bürger. Um daher zu entscheiden, ob der öffentliche Vortheil erheische, hohen oder niedrigen Preis zu haben: muß man Acht geben, ob in dem Lande die Zahl der Kornverkäufer größer sey, oder der Käufer. — Die fruchtarmen Völker haben keine Verbothe dieses Handels. Die Rede ist also von einem Fruchtlande, und das Ueberschus von Getreide hat. In diesem Lande, sage ich, wird die Zahl der Fruchtverkäufer ungleich größer seyn, als der Käufer. Der gesamte Landmann wird Verkäufer seyn, und seine Anzahl die Zahl der Stadteinwohner um ein Großes übersteigen; und von diesen lezteren ziehe man alle die Vermöglichen ab: und man wird sehen, daß um Einen armen Stadteinwohner zu erleichtern,

sechs

sechs bis acht arme Akerleute ums Brod gebracht
würden. Welches ist der Anblik, unter dem sich
einem fast durch ganz Italien der unentbehrlichste,
und wohlverdienteste Mann der Geselschaft darstelt?
Man sieht den armseligen Landmann ohne Strümpfe
und Schuhe; auf seinem Leibe hat er den Werth
von einem halben Thaler, oder einem Gulden, und
mehr nicht; er ißt ein Brod von Roggen und Wiken;
Wein trinkt er niemals; mehr als selten genießt er
einmal Fleisch; Stroh ist sein Bette, eh er ein
Weib hat; eine kümmerliche Hütte, ist sein Haus;
sein Leben ist lauter Mangel und Arbeit, und seine
Arbeit blutsauer. Bis an sein Ende arbeitet und
quält er sich ab, ohne Hofnung zu etwas zu kommen; und den ganzen Lauf seines Lebens hindurch
im Kampfe mit Kummer und Elend, sammelt er
kein anders Gut, als das welches ein einfaches Leben begleitet, und aus Unschuld und Tugend entspringt. Seinen Kindern hinderläst er zum Erbtheil, nichts als die Gewohnheit harter Arbeit. Der
mäßigste, und arbeitsamste Schlag von Menschen,
die den Ländereyen einen Werth geben, und die Sorglosigkeit, den Müßiggang und die Gelüste der Städte ernähren! Dieses sind die Gegenstände, die vom
Blike des Städters entfernt sind: Gegenstände,
würdig, wenigstens eben so viel Mitleiden zu erweken, als das meistens selbstverschuldete Hunger-
leiden des Stadtpöbels erregt.

§. 4.

§. 4. Schlus: Handelsfreyheit schadet weder der Wohlfeilheit, noch dem Ueberflus: Zwang nuzt beyden nichts.

Freyer Kornhandel kan also niemals, in keinem Staate, in keinem Umstande, weder der Nothdurft, noch dem Ueberflus der Nation Schaden bringen. Und nie können die Sperrmaschinen der Geseze etwas helfen. Zweyfelt man an der Wahrheit dieser Grundsäze, so lasse man auf die Erfahrung den Ausspruch ankommen: und es wird sich finden, daß die Staaten, die weder Kunst = und Handwerksinnungen, noch Sperrgeseze für die Ausfuhr ihrer Erzeugnisse haben, blühender und reicher sind als die andern, wo solcherley Zwangwerke noch da sind; und die Schritte der Fülle und dem Ueberflus desto näher kommen, je weniger über derley Geseze gehalten wird.

Anmerk. Auch hie wolle man bemerken, daß die wahresten Vorschläge ihre Lokalität erheischen, wenn sie heilsamlich, und nicht öfters gar das Gegentheil, wirken sollen.

10. Ab-

10. Abschnit.

Von den ausschließenden Privilegien.

§. 1. Verdienste, und nüzliche Erfindun=
gen zu belohnen, und zu ermuntern:
dazu dienen nicht Privilegien,
sondern andre Wege.

Eine andre Folge entspringt aus diesen Grundsäzen.
Diese: daß alle Vorrechte, und alle aus=
schließende Privilegien schnurstraks dem Wohl eines
Staats entgegen sind. Es scheint in allweg beym
ersten Anblike, daß der Urheber einer neuen Kunst
diese Begünstigung verdienen könne, daß jedem
andern untersagt werde, mit ihm anzustehn, und
den Nuzen davon zu theilen. Dieser Grund von
Billigkeit galt, und gilt noch in vielen Staaten,
selbst einige der vorsichtigsten und weisesten nicht aus=
genommen. Schwerlich aber wird man mir einen
Akerzweig, eine Fabrike, eine Kunst finden, die
sich stets erhalten, und ihren Gegenstand zur Vol=
kommenheit gebracht hätte, sobald sie die ausschlie=
ßende Freyheit erlanget hat. Dem Künstler die
Nacheiferung weggeräumt, ihn gewis gemacht, daß
er der einzige Verkäufer sey: dann ist der Sporn
weg es gut zu machen. Und wie manche Familien,
weil sie alzureich waren, durch Sorglosigkeit in
Ver=

Verfal kommen: alſo bringt ſich der Alleingewerber
leichtlich ins Abnehmen. — Entweder beſizt der
Einführer der neuen Kunſt ſie ſo weit, daß er nicht
befürchten darf, von irgend einem Bürger übertrof-
fen zu werden; oder er iſt nicht ſo weit gekommen.
Im erſten Falle iſt ihm das ausſchließende Privile-
gium beynah unnüze: denn er trägt das beſte bey
ſich, die Vortreflichkeit; im zweyten Falle aber wäre es Ungerechtigkeit, jedem Bürger die Uebung ſeiner Geſchiklichkeit in ſelbigem Fache zu verbiethen,
und zwar zu Gunſten eines mittelmäßigen Hand-
werkers, den man ſonſtwie mit gleicher Anreizung
und durch das unſchuldigere Mittel der Belohnun-
gen zur Anpflanzung des neuen Unternehmens einladen, und ſolchergeſtalt die Straſſe offen laſſen kan,
ſo daß bey allen Gattungen die möglich gröſte Anzahl von Verkäufern erſcheinen kan.

§. 2. Was von großen und glänzenden Manufacturen zu halten ſey.

Daraus flieſt ebenfals die Folge, daß gewiſſe
überlegne Manufacturen und Fabriken, und von
welchen die Aufmerkſamkeit des Fremden vorneh-
mer getroffen und gereizet wird, entweder meiſtens
von ſehr wenigem Nuzen für den Staat, oder manchmal ſchädlich ſind. Eine Fabrike, die großen Pomp
zeigt, führt das Monopol natürlich mit ſich: weil
Niemand ſeyn wird, der es wagt in Mitwerbung mit

ihr

ihr zu treten. — Hundert Weberſtühle, unter
zehn Fabrikanten vertheilt, werden nüzlicher ſeyn,
als zweyhundert, von einem einzigen Fabrikanten
abhängige, vielleicht nicht ſind: denn die Verkäufer
vermehren ſich; der Weteifer macht daß ſie ſich vervolkomnen, und der Preis auf die der Nation zu-
träglichere Stuffe komt; und der Gewin, unter
mehrere Fabrikanten vertheilt, ſpornt immer den
Fleis eines jeden.

§. 3. Keine Gewerbsvorrechte zu ertheilen.

Ich ſage demnach, daß man die Zahl der Verkäufer in allen Klaſſen ſich ſol natürlich vermehren
laſſen, ohne irgend eine Grenze zu ſezen: auf daß
man in jeder Klaſſe den möglich kleinſten Preis bekomme, welcher allein die jährliche Erzielung vergrößern kan, dadurch daß er dem Ueberſchuſſe ſeinen Abzug verſchaft. Und dieſe Regel geht, wie
ich ſagte, über alle mögliche Klaſſen von Verkäufern; auch derjenigen Lebensmittel, die blos zum
täglichen Landesverbrauch dienen: denn der Preis
jeder Kaufmannswaare, und jedes Lebensmittels
enthält nothwendig den Preis deſſen, was der
Akermann, oder der Handwerker verzehret hat;
folglich der Ueberflus einer jeden, auch der geringſten, Gattung hilft mit als eine Theilurſache zum
Ueberflus jeder Waare, in dem Maas als die Verzehrung davon algemeiner unter dem Volke iſt.

11. Abſchnit.

Einige Quellen von Irthümern in der Staatswirthſchaft.

§. 1. Der andre Grundſaz der Wirth-ſchaft.

Der zweyte Grundſaz, der oben 1) gemeldet worden, iſt: die Anzahl der Verzehrer zu vermindern. Und dies iſt das zweyte Mittel niedrigere Landespreiſe zu bekommen. — Kan man beym erſten Grundſaze frey und offen verfahren, da man nur die Anſtöße weggräumt, und der Menſchen Thätigkeit ihrem Hange nach grünen läßt: ſo iſt hingegen bey dieſem die eufferſte Behutſamkeit anzuwenden, und die Hand furchtſam daran zu legen, mehr mit Verſuchen, um ihren Erfolg zu beobachten, als mit kühnen Machtſtreichen.

1) 5. Abſchnit. §. 1.

§. 2. Anmerkungen über Aufwandsgeſeze.

In einigen Staaten ſuchte man dieſem Grundſaze zu folgen, durch das Mittel von Aufwandsgeſezen. Welche wenigſtens gefährlich für die Staaten, meiſtens aber unglüklich ſind. 1)

E　　　I. Sie

I. Sie vermindern die Anzahl der Käufer: aber ſie verkleinern auch, in noch größerem Verhältnis, die Zahl der Verkäufer.

II. Sie können für die Länder taugen, die ihren Unterhalt aus einem abhängigen Wirthſchaftshandel ziehen, und für die Völker, die, wegen ihrer eufferſt geringen Erzielung der Lebensmittel, gezwungen ſind, die Geſchäftemacher und die Beſteller der erzielenden Länder zu ſeyn. Dieſen können ſie taugen, weil da der mehreſte Theil der Verkäufer ſeinen Gewin von den auswärtigen Käufern zieht, und wenig verliert, wenn ihm die einheimiſchen Verzehrer entzogen werden.

III. Wo aber in dem Lande alle Jahr ein neuer, der Geſamtverzehrung angemeſſener, Betrag erzielt wird: um wie viel da der Landesverbrauch abnehmen wird, um ſo viel wird man die jährliche Erzielung abnehmen ſehn. Es ſey denn, daß ein größerer Verbrauch eines einheimiſchen Erzeugniſſes an die Stelle trete: welches immer das Werk der Gebräuche, an die ſich die Geſeze wenden müſſen, und der Meynung ſeyn wird, die man aufzubringen ſuchen mus, ohne daß der Machtſpruch des Geſezgebers ſie geradezu anbefehle.

Anmerk. 1) Den ſchädlichen Aufwand, den Lurus, einzuſchrenken: dazu gibt es andre Mittel.

§. 3.

§. 3. Erfolg der geſezlichen Verminderung der Käufer.

Jede Verfügung, welche auf die Verminderung der Käufer geradezu geht, erzeugt eine übernächtige Verminderung des Preiſes, deren Folgen
meiſtens zum Schaden der Geſelſchaft ausſchlagen:
denn die Abnahme der Käufer zieht geſchwind die
Abnahme der Verkäufer nach ſich; und ſo wird,
anſtat die einheimiſche Bewegung der Geſelſchaft zu
vermehren, ein Theil von der Geſelſchaft getrent,
und in Ruhe geſtelt, und um ſo viel die jährliche
Erzielung vermindert. Beyſpiele wil ich keine anführen; der Leſer wird ſie für ſich finden; und ich
verlaſſe mich auf die Standhaftigkeit dieſer Grundſäze ſo feſt, daß ich mir einbilde, er werde ſchwer-
lich einen Fal finden, wo ein auf die Verminderung der inländiſchen Käufer ſtraks gerichtetes Geſez, den Ueberfluſs in ein Land dauerhaft gebracht
hätte.

§. 4. Warum iſt wohl dieſer zweyte Grundſaz häufiger, wie der erſte, in Uebung?

Zween Grundſäze gibt es, wie wir geſehn haben, von welchen der innere Ueberfluſs eines Staats
abhängt, von welchem die Verſendung der überſtel-

genden Landeserzielung an die Ausländer, von
der die Vermehrung des jährlichen Ertrags, von
welcher der Reichthum und die Bevölkerung, die
Bildung und die Stärke der Nation abhängen: „Die
Verkäufer vermehren, Die Käufer vermin=
dern. „ Der erste dieser Grundsäze ist allezeit un=
schuldig, und ist sehr leicht zu gebrauchen; der an=
dre ist eusserst gefährlich, und hat Wirkungen von
kurzer Dauer, durch die man nachher in einen
schlimmern Zustand zurükfält. — Woher ist es al=
so gekommen, daß in den mehresten Ländern die
Staatsmänner allezeit geneigter waren, den zwey=
ten Grundsaz lieber als den ersten zu wählen? Wa=
rum sich auf den dornichteren und mühsamern Weg
werfen, wenn der geräumige und sichere vor den
Augen da ist? Ich glaube, daß dieses erfolgt ist,
weil der erste Grundsaz die Uebung, die verehrten
Gebräuche von Jahrhunderten, die Geseze, und die
gemeine Meynung wider sich hat; und es einen
nicht gemeinen Muth braucht, diesen die Stirne zu
bieten, und eine überlegne Geistesanstrengung dazu
gehört um sich selbst zu versichern, daß man, allein
gegen den Strohm der entgegengesezten Autoritäten,
nicht irre. Da man hingegen, bey Befolgung des
zweyten Grundsazes, nie in Gefahr ist, sich den
schlimmen Erfolg vorgerükt zu sehn, vielmehr sicher
ist, jene Lobeserhebungen zu erhalten, die der Klug=
heit gegeben werden, welche mehrentheils in Staats=

sachen

ſachen ein Mitname von Nachahmung iſt. — In
den geheimen Gemächern des menſchlichen Herzens
finden wir vielleicht eine andre algemeine Urſach
dieſer Wahl. Dieſe: daß die bindenden , und vor-
ſchreibenden Geſeze ein Grad von Gewalt ſind; daß
es der gemeinen Eigenliebe immer mehr ſchmeichelt,
wenn man ſich vorſtelt , daß man in eine Maſſe
von Menſchen eine Bewegung bringe, und eine Handlung erſchaffe, als wenn man ſich einzig darauf ein-
ſchrenkt, die ſelbſtthätige Bewegung zu bewachen,
ihr die Wege zu ebnen, und die Anſtöße wegzuthun.
Kürzer und ſchmeichelhafter ſcheint der Weg, unmittelbar den Erfolg zu verbiethen, und mühſamer
iſt gewislich jener, da man die entfernten Urſachen
einrichten mus: die natürliche Trägheit lenkt den
Menſchen zu den Beyſpielen, und entfernt ihn von
der Mühe der Prüfung. Derley ſind die Urſachen,
die, entweder einzeln oder zuſammen, gemacht haben, daß durchgehends die Geſeze, und die Anſtalten der Geſelſchaft lieber dahin gehen, die Anzahl
der Käufer zu feſſeln, als die Zahl der Verkäufer
von Banden und Schranken zu befreyen.

12. Abſchnit.

Ob es diene, die Preiſe einer Waa-
re geſezlich zu beſtimmen?

§. 1. Vermuthlicher Urſprung der obrig-
keitlichen Taxen.

Man hat geglaubt, die Landespreiſe geſezlich berichtigen zu können, vornehmlich bey einigen Lebensmitteln, die zum gemeinen Gebrauche des Volks dienen. Dieſe Auskunft entſtand vielleicht, als die Obrigkeiten ſahen, daß aus ihren Zwang-geſezen der öffentliche Ueberflus nicht entſprang, daß vielmehr die Preiſe ſtiegen, weil die Anzahl der Verkäufer abnahm. Um dem Uebel eines Zwang-geſezes abzuhelfen, floh man zu einem andern noch ſtärkern Zwanggeſez, und ſezte durch öffentliche Gewalt den Preis feſt, um welchen einige Waaren verkauft werden ſolten. Dieſe Gebräuche beſtehen in unterſchieblichen Staaten. Der mehrere Theil der Menſchen wird durch die Mine einer Ideal- oder Einbildungspolitik verführt, die gleich der Sophi-ſtenſchule dieſe Zwangmaſchinen zu verſchönern, und ſie als heilſam für den Staat darzuſtellen weis, und macht, daß ſie mit einer tugendhaften aber überraſchten Entſcheidung, und mit erſchlichenem Vorurtheil angenommen werden.

§. 2.

§. 2. Folgen der Taxen.

Laſt uns die Folgen ſolcher Vorſchriften unterſuchen. Laſt uns ſezen, daß der gemeine Preis der
Waare wirklich neun Kopfſtük ſey, ſo daß bey
freyem Handel auf dem Markte die Waare insgemein für neun Kopfſtük verkauft würde. Das Geſez befiehlt, der Preis ſol acht Kopfſtük ſeyn. Siehe da die ganze Ordnung der Sachen verdreht; der
Preis iſt nicht mehr in geradem Verhältnis zu den
Käufern, und umgekehrtem zu den Verkäufern.
Der Preis iſt nicht mehr der Grad der Meynung,
ſo die Leute von der Waare haben. Der Preis iſt
ein Machtſpruch des Geſezes geworden, der dem
Verkäufer Unrecht thut, und folglich Verminderung
der Verkäufer wirkt. — Was vor Folgen werden
daraus kommen? Die Verkäufer werden abnehmen;
die Verkäufer werden ſo wenig als möglich ſich
nach dem Geſeze richten: daher wird man von derſelben Waare noch mehr als den Ueberſchuß den Ausländern zuſenden; man wird ſuchen die Waare zu
verfälſchen, und Sachen von geringerem Werthe
darunter zu mengen; man wird ſuchen an Gewicht
und Maas zu betriegen; und die Volſtreker des Geſezes, vor ſteter Bewegung und Krieg kaum bey
Odem, können wohl etliche Schlachtopfer, die eines
willkürlich erſchafnen Verbrechens ſchuldig ſind, aufopfern, ohne daß darum die Unordnung nachließe,

E 4 oder

oder jemals der öffentliche Ueberflus herschte. Denn ein Gesez, das die Natur und den Vortheil von Vielen wider sich hat, kan nie beständig, und ruhig gehandhabt werden, noch der Stadt glükliche Folgen bringen.

§. 3. Kurze Beurtheilung der Taxen.

Die Taxgeseze sind ungerecht gegen den Käufer, wenn sie über dem gemeinen Preis eine Grenze festsezen; sind ungerecht gegen den Verkäufer, wenn sie selbige darunter festsezen; und sind unnüze, wenn sie sich an den wahren Stand des gemeinen Preises halten.

§. 4. Schaden von der unnöthigen Einschrenkung.

An der Stirne der mehresten Geseze, so die Völker von ihren Vätern geerbt haben, finden sich jene eiserne Worte geschrieben „Zwingen und Vorschreiben. „ Die Fortschritte, so die Vernunft in diesem Jahrhundert gemacht hat, fangen an solche sehn zu lassen, welche die wohlthätige Aufschrift haben „ Einladen und Leiten. „ Welches auch die Regierungsform, unter der eine Gesellschaft von Menschen lebt, seyn mag, so deucht mich, dem Regenten sey daran gelegen, den Bürgern die möglich gröste Freyheit zu lassen, und ein-

zig

zig jenen Theil natürlicher Unabhängigkeit ihnen zu
nehmen, der nöthig ist die wirkliche Regierungsform zu erhalten. Mich deucht, daß jeder Theil
von Volmächtigkeit oder Freyheit, der den Menschen
wilkürlich weggenommen wird, ein Staatsfehler sey,
denn diese eigenmächtige Handlung des Gesezgebers
zeigt dem Auge des Volks die blose Macht: die
Nachahmung verbreitet sich stuffenweis, es schwä-
chen sich die sitlichen Begriffe bey dem Volke, und
in dem Maas wie man der Sicherheit mistraut,
flieht man zur List. Daher, sind diese Fehler in
der Regierung häufig geworden: so wird unausbleiblich und wie durch ein Verhängnis die Nation furchtsam werden, darauf verstelt; endlich träg, und
entvölkert, wenn die Gewalt, zu altäglich ausgeübt,
bis zur Unterdrükung steigt.

§. 5. Hofnung besserer Zeiten.

Aber, bey der Glükseligkeit der gegenwärtigen
Zeiten, nach den Schritten so die Philosophie in jedem Theil des Wissens gemacht hat, samt der
Milde und Menschlichkeit der izigen Regierungen,
finden sich glüklicher Weise diese Gegenstände nirgends als in den Begriffen. — Indes ist es eine
Sache, wehrt bemerkt zu werden, daß jeder über-
flüssiger Schrit, den der Gesezgeber bey Bestimmung der Handlungen der Menschen thut, eine

E 5   wesent-

weſentliche Verminderung der Thätigkeit in dem
Staatskörper iſt, die geradezu wirkt den jährlichen
Ertrag zu ſchwächen.

---

13. Abſchnit.

Von dem Werthe des Geldes, und ſeinem Einflus auf die Emſigkeit.

§. 1. Maasſtab für den Geldpreis. Nebſt algemeinen Folgerungen.

Wir haben bemerkt, daß der Preis der Waaren in geradem Verhältnis zu den Käufern, und in umgekehrtem zu den Verkäufern,
ſteht 1). Laſſet uns gegenwärtig Acht geben, wie
man den Preis des Geldes meſſen müſſe. Iſt der
Handel nichts anders denn Vertauſchung einer Sache gegen eine andre; und machen der Ueberflus
der Nachfrage, und die Seltenheit des Anbie-
tens, den Preis: ſo folgt, daß der Preis der algemeinen Waare, in umgekehrtem Verhältnis
zu den Käufern, und in geradem zu den Verkäufern, ſtehen wird. Eine Folge, die unmittelbar aus den Grundſäzen, und aus den gegebnen
Erklärungen flieſt. Daher: je mehr Käufer von
jeder

jeder besondern Waare da seyn werden, desto
weniger wird das Geld Preis haben; und, je
mehr Verkäufer besondrer Waaren sich finden
werden, desto höher wird das Geld geschäzt
werden. Demnach: der Ueberflus der algemeinen Waare, entfernt schnurstraks den Ueberflus
aller besondern Waaren; und, so sehr in einem
Staate der Mangel der besondern Waaren zu
fürchten ist, eben so sehr ist es der alzugroße Ueberflus der algemeinen Waare.

1) S. 4. Abschn. §. 10.

§. 2. Worin besteht der alzugroße Ueber-flus der algemeinen Waare?

Der zu große Ueberflus der algemeinen Waare, wird weder nach der blos vorhandnen, noch nach
der umlaufenden Menge derselben gemessen; sondern
dann allein, wann die Zahl der Käufer mit einer
geringen Anzahl von Verkäufern zu thun haben
wird, kan man sagen, daß dieser schädliche Ueberflus da sey 1). Es ist in der Natur, daß die
Verkäufer sich vermehren, so wie die Käufer an
Zahl wachsen. Daraus folgt, daß dieses Uebermaas von algemeiner Waare, alsdann wird merklich werden, wann sie in lauter aufgeschwollenen
Güßen in den Staat stürzt, und dem Fleiße nicht
stuffenweis Zeit gibt, herbeyzukommen, und die
Ver-

Verkäufer zu vermehren. Das Geld, das unmerk=
lich in einem Staate zunimt, ist wie der Thau,
der das ganze Pflanzenreich wiederstärkt und neu
belebt: es ist ein gewaltsamer Strohm, der zerreist,
durchwühlt, verödet, wenn es lastenweis in das
Land komt.

Anmerk. 1) Gros oder klein kan man eine Sache
nicht nennen, in Betracht ihrer eignen Größe,
sondern in Vergleichung mit einer andern ähn=
lichen Sache, oder mit ihrem Zweke. Viel,
oder wenig Geld, ist nichts gesagt, bis man
dessen Vorrath mit seiner Bestimmung, nem=
lich Käufer und Verkäufer zu bedienen, ver=
glichen hat.

§. 3. Wirkung des Geldmangels.

Gleich im Anfange wurde bemerkt, daß es
keinen lebhaften, und ausgedehnten Handel geben
könte, wenn die algemeine Waare nicht erfunden
wäre, und daß der Handel hätte müssen in Vertau=
schung verzehrbarer Sachen bestehn. Daher: ein
Staat, wo die Münze dergestalt selten ist, daß es
daran zu dem einheimischen Umlaufe gebricht, der
wird sich müssen der Lebensart der Wilden nähern.
Und da sich die Käufer, in dem Maas als die al=
gemeine Waare wenig verbreitet ist, auf die blose
Nothdurft einschrenken, so wird erfolgen, daß das
Han=

Handeln zwischen Menschen und Menschen auf eine niedre Stuffe sinken und zusammengehen wird; und verhältnismäßig wird die jährliche Erzielung abneh= men, und die Nation, arm vereinsamet und kraft= los, wird sich von dem Stande der Bildung herab, und wieder gegen ihren alten Anfang neigen.

§. 4. Erfolg von dem genugsam vorhan= denen, und dem im Kreislaufe zuneh= menden Gelde.

Aus demselben Grunde: bey der Nation, wo der unermüdete Fleis, und ein blühender Handel die Menge der algemeinen Waare vergrößern, da wird diese ein neuer Sporn für die Emsigkeit seyn, die Zahl der Käufe vermehren, der inländische Kreis= lauf immer schneller werden, sie wird neue Bequem= lichkeiten des Lebens, und neue Gemächlichkeiten ken= nen lehren, die Künste, die Waaren verfeinern, die Kunstgriffe sie volkomner zu machen, und mit größerer Geschwindigkeit zu verfertigen, erfinden, Alles wird Bau, Glük und Leben athmen.

§. 5. Zween sehr von einander unterschie= dene Fälle von Vermehrung des Landesgeldes.

Deswegen mus man zween gar ungleiche Fäl= le unterscheiden. Die Zunahme der Geldmasse wird

die=

diese wohlthätigen Wirkungen haben, wenn eine
Nation selbige durch die Bewegung der Emsigkeit
erwirbt. — Wird sie hingegen dieselbe geruhig
bekommen, entweder durch reichhaltige Bergwerke,
oder durch Meynung, welche die andern Völker
zwingt ihr die algemeine Waare zu zinsen: so wird
diese, anstat den Fleiß zu beleben, die Leute in
eine tiefe Schlafsucht versenken 1). Reichthum,
durch diesen Weg in das Land geworfen, fält in die
Hände Weniger; und diese Wenige, in dem Vol=
auf des Geldes, werden sich einem unmäßigen Lur=
us preis geben, und, vol Verachtung gegen die,
wegen der durchgängigen Armuth unvolkomne und
grobe Nationalverfertigungen, auf ausländische Ar=
beiten und Waaren hineinfallen, und darin ihren
Reichthum gierig verzehren und zerstreuen. Dieser
verwünschte Reichthum wird für dieses Volk ein
Bliz seyn, der aus der Höhe auf das Haupt des
großen Haufens schließen, und ihn immer mehr zu=
sammengekrochen und niederträchtig machen wird.
Die algemeine Waare wird zu den thätigen fremden
Nationen gehn, ohne daß die Hände des Volks sie
berühren; und der einzige winzige Theil den die
Nation wird können davon krigen, werden Gehalte
seyn, die einige müßige Stadtbürger bekommen
werden. Der Pomp etlicher Wenigen, ab=
stechend gegen das algemeine Elend, wird
das Schauspiel seyn, so das Geld, das ohne

Nationalemsigkeit zugenommen hat, aller Orten
darbieten wird.

Anmerk. 1) Nichts, was es sey, mus man unentgeltlich bekommen können! Ist ein algemeiner Grundsaz: der von dem Schöpfer, mittelst der Einrichtung der Dinge, eben so prac-
tisch vermittelt und veranstaltet ist, als der andre: Strebe nach Volkommenheit! von Ihm in
des Menschen Natur, ja in die Natur überhaupt, gelegt ist. Diese leztere Triebfeder erwekt ein Begehren; dieses trift auf jenen er-
steren Saz, welcher spricht: ohne Fleis, ohne
Entgelt oder Aequivalent krigst du nichts. Durch
dieses Zusammentreffen entsteht Fleis und Entwiklung der Erwerbungskräfte, und Aufschlie-
ßung der Natur, Erregung und Beschöpfung
ihres Reichthums; der Erfolg davon ist: erzeug-
te neue Volkommenheit.

Dies ist der Weg der Natur: und Ihr Weg
allein ist glüklich. Wo daher Geld, und andre Reichthümer und Güter unentgeltlich einkommen, da ist das Gegentheil von dem be-
glükenden Wege der Natur.

§. 6.

§. 6. Drey Folgen aus diesem Unterschied: — Die erste: Durch welche Zunahme des Nationalgeldes wird alles wohlfeiler?

I. Es ist wahr: die zwo Größen, algemeine Waare, und besondre Waaren, als unbeweglich betrachtet, da muß man, je mehr die Größe auf einer Seite zunimt, von ihr desto mehr für die andre überlaßen; d. i. je mehr die Menge des Geldes wächst, desto theurer müste jede Sache werden: wenn die Feilschaften und das Geld unbeweglich blieben. Das Vergeßen der Bewegung, war Ursach, daß ein gewißer Schriftsteller, sonst ein richtiger Denker, sich versehen hat.

Je mehr Verkäufe der Verkäufer macht, mit desto weniger Gewin begnügt er sich bey jedem Verkaufe; und je mehr Geld in einem Staate umläuft, desto mehr nehmen natürlich die Verkäufe zu. Daraus fließt, daß der Preis der besonderen Waaren durch das, mittelst der Bewegung der jährlichen Erzielung erworbene, Geld nicht steigen, sondern vielmehr auf den möglich kleinsten Grad kommen wird. Algemeine Regel: „ Woimmer der Handel blüht, da sind die Vortheile des Handelsmannes an jeder Waare, einzeln genommen, die kleinsten; und wo die Gewerbe träge sind, da sind die Gewinste des Handelsmannes übergros „ 1).

An-

Anmerk. 1) Und umgekehrt: wo die Gewinſte
der Handelsleute, der Gewerber und andrer
Feilhaber ungeheuer ſind, und wo dadurch hier
und da ein abſtechend reiches Haus entſteht;
wo die Gewinſte nicht die möglich kleinſten
ſind: mit welchem Rechte kan man ſagen,
daß in ſolchem Lande Handel und Gewerbe
blühen; daß die hohen Preiſe von Geldreich=
thum des Landes herkommen; und daß ſolche
Geldfülle an ſich glüklich, und ein Beweis
eines glüklichen Landes ſey?

§. 7. Die zweyte Folge: Durch welche Zunahme des Landesgeldes nimt die Arbeit und Erzielung der Nation zu?

II. Die Volkommenheit der Maſchinen, und
der Werkzeuge wird bey einem durch Emſigkeit
reich gewordenen Volke, ſo hoch gebracht, daß der
Arbeiter in einem Tage dieſelbe Waare machen
wird, die in einem weniger emſigen Lande in meh=
reren Tagen verfertiget würde. Und dieſes ſind die
Quellen, die ein durch Fleiß bereichertes Land hat.
Quellen, deren ein Staat ermangelt, den die Erde
freywillig reich macht, nicht durch Vermehrung der
jährlichen Erzielung, dieſe Frucht der Emſigkeit;
ſondern durch das gefährliche Geſchenk der algemei=

F   nen

nen Waare. Denn das erste wird, mit der Zu=
nahme des Reichthums, die Zahl der Verkäufer ver=
mehrt haben: Der zweyte die Zahl der Käufer, die
sich, wie gesagt, an die auswärtigen Verkäufer
werden gewendet haben, da die Einwohner die
physischen oder natürlichen Reichthümer gegen jene,
welche Reichthümer der Uebereinkunft sind, unbe=
dachtsam vernachläßigen.

§. 8. Die dritte Folge: Wie ist der Reich= thum der Länder gegen einander zu messen?

III. Man bemerke, daß der Reichthum eines
Volks nicht sowohl nach der Masse der von ihm be=
sessenen Güter an und für sich, sondern nach dem
Verhältniß gemessen wird, das zwischen ihm und
den Völkern ist, die es umgeben, und mit ihm
handeln. Reichthum also, aus Silberbergwerken
erhalten, wird die Helfte weniger Wirkung auf den
Landesreichthum thun, als eine gleiche, durch die
Handelschaft erworbne, Summe thun würde. Denn
diese leztere wäre eine der Nation zugewachsene, und
einem andern Staat entgangene Größe: welches
in dem Verhältniß zwischen den zween Staaten eine
doppelte Größe beträgt.

14. Ab=

14. Abschnit.

Von der Geldzinse.

§. 1. Ursprung der Geldzinse; und ihr Preis.

Da nun das Geld häufig, und da es allerwärts
verbreitet ist, in einem durch die Gährung
der Emsigkeit reich gewordnen Lande: so wird es
geschehen, daß Viele suchen werden, es entweder
auszuleihen, oder in einem beständig ergiebigen
Stammgute anzuwenden. Denn die Verwahrung
des Geldes ist immer eine Last, die sehr wenige ru=
hig ertragen, aus Furcht es zu verlieren.

Daher wird sich der Akerbau verbessern, sich die
Manufacturen vermehren, das Antragen des Gel=
des zunehmen, und die Nachfragen abnehmen, in
dem Maas als ein Land dessen mehr im Umlaufe
hat. — Da wird also die Geldzinse fallen: weil
die Geldzinse alzeit in geradem Verhältnis mit
den Nachfragen, und in umgekehrtem mit den
Anbietungen, steht: indem die Nachfragen dem
Gelde das sind, was die Käufer den andern Waa=
ren, so wie die Anbietungen das, was die Ver=
käufer; und indem die Zinse das ist, was bey den
Waaren der Preis ist 1). Durchgängiger Ueber=
flus des Geldes also bringt, mittelst nothwendiger

Fol=

Folge, das Fallen der Zinſe mit ſich. Und die vie=
len Geldbeſizer, weil ſie nicht mehr denſelben Er=
trag von dem Ausleihen ziehen, werden anfangen
unbewegliche Güter zu kaufen, oder es zu Manu=
facturen anlegen.

Anmerk. 1) Unſre Geldzinſe hat Gleichheit mit
dem Preis eines Grundſtükes oder auch eines
Bürgers in Iſrael, wenn ſie verkauft wurden:
denn im Erlasjahr kehrten ſie zum vorigen Ei=
genthümer zurük. Und ſo iſt auch zwiſchen
unſerm Güterhandel und dem Geld= oder Leib=
rentenhandel Gleichheit, wenigſtens große
Aehnlichkeit, in Abſicht auf die Berechnung:
nur daß jener nüzlich, dieſer ſchier allezeit
ſchädlich iſt.

§. 2. Folgen: die erſte: Die Grundſtüke ſteigen im Werthe; nicht aber zu= gleich ihre Erzielungen.

I. Eine erſte Folge demnach von dem Fallen
der Geldzinſe, iſt: daß man den Preis der Grund=
güter ſteigen, und die Manufacturen einen neuen
Schwung erhalten ſieht. Ich ſage: den Preis der
Grundgüter ſteigen! denn die Käufer werden zuge=
nommen, und die Zahl der Verkäufer nicht zugenom=
men haben. Der den Manufacturen gegebne Stos,
wird

wird arbeiten, die Zahl der Verkäufer zu vermehren, und dadurch den öffentlichen Ueberflus zu beförbern.

Es ſcheint, der größere Preis, um den die Landgüter gekauft werden, ſolte den Preis der Aker= erzeugniſſe ſelbſt vergrößern. Ja! wenn zu gleicher Zeit entweder die Verkäufer dieſer Erzeugniſſe ab= oder die Käufer zunähmen. Allein, weder das eine noch das andre würde geſchehn. Vielmehr, weil die Zahl der Güterkäufer gewachſen iſt, ſo werden die Güter unter eine größere Anzahl von Eigenthü= mern vertheilt werden: und ſiehe da die Anzahl der Verkäufer der Grunderzeugniſſe vermehrt.

§. 3. Die zweyte Folge: Feldbau, und Manufacturen dehnen ſich aus; und alles wird wohlfeil.

II. Eine zweyte Folge von dem Fallen der Geldzinſe, iſt, die Verbeſſerung des Feldes der Na= tion: indem der Anbau ſich über Gefilde erſtrekt, die zuvor verſäumt waren; die nüzlichen Anpflan= zungen zunehmen; davon alle die Künſte, wodurch man von dem Boden den gröſten jährlichen Ertrag bekomt, neues Leben erhalten. Welches daher rührt, daß man von den Darlehen keine höhere Zinſe krigen kan. Und ſiehe, wie ſelbſt der Ueberflus der algemeinen Waare, wenn er in Umlauf geſezt iſt, und in den Banken müſſig niedergelegt nicht viel ein=

trägt,

trägt, das Gegentheil von jener Wirkung hervor=
bringt, die er beym erften Anblike ſcheint hervorbrin=
gen zu müſſen.   Anſtat nemlich die Preiſe der Sa=
chen zu erhöhen, ſtrebt er ſie zu erniedrigen, und
zum Nationalüberfluß, und zur höchſten jährlichen
Erzielung zu führen.

> Anmerk. Auf ſolche Weiſe hilft die Stadtwirth=
> ſchaft den Feldbau erweitern, und erhöhen.
> S. 2. Abſchnit. §. 3.

§. 4. Die dritte Folge: der Nahrungs= ſtand ſteigt ins Große.

III. Die dritte Folge von der kleinen Geldzin=
ſe, iſt die Leichtigkeit, größere Unternehmungen bey=
de in der Handelſchaft und dem Feldbau zu machen.
Denn Landbeſizer und Fabrikant findet leichter Dar=
lehen zu beherzteren Unternehmungen: ſo daß er von
deren Gewinſte wird das was die jährliche Zinſe
wegnimt, bequem abziehen können : wodurch der
reine Ueberſchuß der jährlichen Erzielung immer
größere Vermehrung, und größern Abſaz gewint.
Ausgetroknete Moräſte, die izt als lachende Land=
güter daliegen; Flüſſe, in ihr Bette eingeſchrenkt;
Waldſtröhme, durch unſchädliche Mittel dem Aker=
bau zugeleitet; ſchifbare Kanäle gegraben, die Leich=
tigkeit der Waarenförderung zu vermehren ; kühne
Seefahr=

Seefahrten, und Hauptverſuche aller Arten, wird
man bey jenen Völkern ſehn, bey welchen das umlaufende Geld häufig, und die Zinſe davon klein iſt.

§. 5. Ob die Geldzinſe zu taxiren.

Wir ſahen oben, wie man, den Landesüber-
fluß und die größere jährliche Erzielung zu bewirken,
von den zweyen Wegen die es gibt, nemlich die
Verkäufer zu vermehren, und die Käufer zu
vermindern, den erſten wählen, und den zweyten müſſe ſeyn laſſen; und daß dieſes die Regel ſey,
die beſondern Waaren in ein gutes und feſtes Gleis
zu bringen. Bey der algemeinen Waare aber muß
man gerade das Gegentheil thun, und die Geſeze
werden eine heilſame Ordnung darin machen, wenn
ſie auf den der das Geld entlehnen ſol, vielmehr
gehen, als auf den der es darlehnen ſol. Damit
verlange ich nicht zu ſagen, daß jemals ein binden-
des oder tarirendes Geſez zu machen ſey, wodurch
die Geldzinſe auf einen Preis geſezt würde. Dieſe
Zinſe iſt, wie gedacht, in geradem Verhältnis zu
den Nachfragern, und in umgekehrtem zu den An-
bietern, ſo wie der Waarenpreis es iſt zur Zahl der
Käufer, dividirt mit der Zahl der Verkäufer. Der
eine wie der andre iſt ein phyſiſcher Erfolg, der nie
den Urſachen, die ihn hervorbringen, entgegen noch
ungleich ſeyn kan. Daher, aus den oben gemelde-

F 4 ten

ten Gründen, nach welchen die Obrigkeiten nicht
ohne Schaden den Preis der besonderen Waaren gebiethen können, würden sie auch nicht der Geldzinse
ihre Grenze befehlen können, ohne das Gesez dem
Hindergehen blos zu stellen: wie jedes Gesez es
seyn wird, das den Nuzen eines großen Theils von
Bürgern wider sich streitend hat, dessen Wirken,
obgleich, in seinen Theilkräften genommen, unmerk-
lich klein, dennoch allezeit gewis den Erfolg hervorbringt, wenn viele und aber viele kleine Theilkräfte
nach Einem Zwek zusammenstreben.   Denn, bey
geringer Untersuchung, entdekt sich diese Wahrheit,
daß bey einem Volke, welches auch die Regierungsform unter der es lebt, seyn mag, wirklich alles
durch die Mehrheit der Stimmen entschieden wird:
mit dem einzigen Unterschiede, daß sie bey der De-
mokratie offenbar, und bey den andern Regierungsformen langsamer, stiller, und verborgner, darum
aber in dem Erfolg nicht weniger wirksam, sind,
das Bestehen jeder Anstalt zu entscheiden.

Anmerk. Der Weg der Natur ist seines Erfolgs
gewis, und die so ihn wählen, gehen nie fehl.
Anstossen aber, sich verwikeln, des Zwekts gewis verfehlen, auf einen verwünschten Erfolg
endlich stossen ꝛc. wird jeder, der den Weg der
Natur nicht geht. Der Weg der Natur aber
ist einfach, hat einen Plan und eine weise
Einrichtung zum Grunde, erreicht daher durch
Ein

Ein Mittel mehrere Zweke, braucht folglich
nicht zu iedem Zwek eigne Mittel, noch daß,
wenn das Werk gehen sol, überal die Hand
des Meisters mit helfe.

15. Abschnit.
Mittel, zu machen, daß die Geld= zinse herabgeht.

Anmerk. Der Kapitalienhandel und ihr Preis
wird durch die Concurrenz zwischen den
Kapitalisten und Borgern, und durch die bey
beyden einwirkende Ursachen bestimt. Aber:
theils entsteht da, aus eigenthümlichen Ursachen,
der Mittelpreis nicht so leicht, wie bey an=
dern Waaren; theils theilt sich der Kapitalien=
preis einer Gegend und eines Zeitraums oft
und leicht einer andern Gegend und Zeit mit,
wo die vorhandnen Ursachen, die diesen Preis
bestimmen, einen andern Preis erfordern, aber
ihn nicht bewirken können, weil sie bald durch
ein Gesez, bald durch den wilkürlichen Spruch
des Käufers oder Verkäufers der Kapitalien,
diese Geldzinse sey schon lange, sie sey dorten
und da auch gewöhnlich, daran gehindert, und

F 5

gleich=

gleichsam überstimt werden; theils ist der Ka-
pitalienpreis eine gewisse Dauer gewohnt, und
nimt nicht gleich die von den Umständen erforderte Aenderung an.   Vielleicht ist es daher dienlich, etwan einmal nachzuhelfen.   Daß
man aber da von der Nothwendigkeit versichert
seyn, und daß man nachzuhelfen wissen müsse,
versteht sich.

§. 1. Das erste Mittel: Die Staatsbank erniedrige ihre Zinse: aber ohne Zwang.

I. Wie denn wird eine Regierung können die
Geldzinse herabbringen durch Wirken auf jenen, der
das Geld entlehnt? Bey jeder Nation sind öffentliche
Schulden, sind Banken, wo die welche das Geld
dem Staate geliehen haben, die jährliche Nuzung
empfangen.   Die Erfahrung hat gezeigt, wie nüzlich es sey, wenn die Zinsen dieser Banken erniedrigt
werden, beyde die Last der Staatskasse zu erleichtern, und alle Darlehen unter der Nation mittel-
barer Weise auf einen niedrigen Preis zu bringen.

Es ist unnöthig, daß ich das was die offen-
barste Gerechtigkeit jedem eingibt, hie beyfüge,
daß nemlich der Staat eine Summe bereit haben
müsse, um den Gläubigern die Zurükzahlung ihres
Kapitals zu gleicher Zeit anbieten zu können, wenn
sie

sie mit der niedrigern Zinse nicht zufrieden sind:
als welche mit Recht auf eine freye Einwilligung
des Gläubigers ankommen muß. Wehe, wenn ein
augenbliklicher Vortheil dem wahren Nuzen des
Staats vordringt! wehe, wenn die öffentliche Treue
verdunkelt wird! der Nuzen des Staats wird von
dem Nuzen jedes Privatmannes geschieden werden.
Blos Verstellung wird die Gleichgültigkeit verdeken,
womit jeder die Geselschaft, von der er Glied ist,
ansehn wird. Die tugendhafte Denkungsart würde vernichtet werden; die Nation in Verderbniß
fallen, einen Zustand, der mehr als schlimmer denn
das ursprüngliche wilde Leben ist; alles ins Abneh=
men kommen; und bey der ersten Noth, wo die öf=
fentliche Sicherheit ein Zuhülfeilen erheischte, wür=
de man es vergeblich suchen. In den vorigen Jahr=
hunderten sah man davon die Beyspiele an vielen
Orten von Europa; und dem damaligen Elende ver=
danken wir es, daß sich insgemein die Politik der
Staaten aufgeklärt hat, und daß man durchgehends
einsieht, „daß das Vertrauen zur Staatskasse,
und die Sicherheit in derselben, das reichste und
unerschöpflichste Stammgut eines jeden Regen=
ten ist. „

§. 2. Die Privatborger folgen der Bank nach.

Sind von den öffentlichen Banken die Geld=
zinsen herabgebracht, so wird, wofern die Gläubiger
der=

derselben einen beträchtlichen Theil der Kapitalisten unter der Nation ausmachen, dieses geschehen: Die welche die algemeine Waare zu entlehnen suchen, werden, nach dem Beyspiel der öffentlichen Banken, nicht mehr die vormalige Zinse anbieten; und die welche auszuleihen suchen, da sie von den Banken nimmer die vorige Zinse zu hoffen haben, werden sich bequemen herabzugehn. — Werden aber die Gläubiger der Staatsbanken ihr Kapital lieber zurükgenommen haben, als daß sie sich der Erniedrigung der Zinse unterworfen hätten: so wird die Zahl der Anbietenden gewachsen seyn, und natürlich die Zinse dadurch desto mehr erniedrigt werden.

§. 3. Das andre Mittel: Niedrige Landespreise; und Kredit.

II. Ein anders Mittel haben die Regierungen, die Geldzinse zu vermindern. Um es einzusehn, braucht man nur zu bedenken, daß es zween Gründe sind, warum der Anbietende Zinse fordert. Der erste ist: den Nuzen vergütet zu bekommen, den er aus seinem Gelde ziehen würde, wenn er es im Akerbau oder Handel anlegte. Der zweyte, Erstattung für jenen Grad von Gefahr zu erhalten, die er laufen kan sein Kapital in einer Nation zu verlieren, wo die Emsigkeit sich in allen ihren Theilen frey bewegt.

Man

Man hat ſchon geſehn, wie die Nuzungen des Handels und des Feldbaus auf einen niedern Preis kommen müſſen. Daraus folgt: jemehr die Hofnung ſein Glük zu verbeſſern, befördert werden, und in den Herzen der Menſchen wird frey wirken dürfen; jemehr man diejenigen Mittel veranſtalten wird, welche die Lebens = und Wirkungskraft der Emſigkeit entfeſſeln, die jährliche Erzielung zu ver= mehren: deſto kleiner wird natürlich derjenige Theil von Nuzung werden, der von den Geſezgelehrten unterbleibender Gewin genennet wird. Und dann ſteht es in der Hand des Geſezgebers, die Gefahr einzubüßen, die bey den Rechtslehrern directer oder unmittelbarer Schaden heiſt, zu vermindern. Dieſe Abſicht erreicht man durch möglichſt gute Geſeze, durch einen kurzen und einfachen Rechtsgang, durch die ſorgfältigſte Wahl unbeſtechbarer Rechtsbeamten: ſo daß jeder ſein Recht leicht und ſchleunig könne geltend machen; und die öffentliche Macht, alzeit bereit auf den Betrüger und Treuebrüchigen loszugehn, die Sicherheit der Verträge feſt und zuverläſſig mache.

So wahr iſt dieſes, daß ich mich zu ſagen getraue, daß kein Land, wo die Emſigkeit belebt, und wo Treue und Glauben geehrt iſt, hohe Geldzinſen haben werde; und daß im Gegentheil wo hohe Geldzinſe iſt, die jährliche Erzielung ſchwach, und Treue und Glauben der Verträge mehr als zweyfelhaft ſeyn werde.

§. 4.

§. 4. Beſondre Anwendung dieſer Wahr=
heit: wie und ob nach den Geldzinſen
der Wohlſtand unterſchiedner Staa=
ten; und bey einerley Staat der
Wohlſtand unterſchiedner Zeiten,
zu berechnen ſey?

Nach der Geldzinſe kan man den gegenſeitigen
Wohlſtand der Staaten berechnen.

Die Geldzinſen können zwiſchen Nation und
Nation, und zwiſchen Jahrhundert und Jahrhun=
dert, verglichen werden, um die Glükſeligkeit einer
Geſelſchaft, welche Anſpruch auf den Stand von
Bildung hat, zu berechnen. Nie aber wird der
Werth irgend einer Waare, weder algemeiner noch
beſondrer, können zwiſchen Nation und Nation ver=
glichen werden, wofern ſie nicht unter ſich eine Ge=
meinſchaft, entweder unmittelbar oder durch eine
dritte Nation, haben. Denn der Werth kan nie=
drig ſeyn, ſowohl aus Mangel von Käufern, als
wegen Ueberfluſſes von Verkäufern; ſowohl aus
Geldmangel, als wegen der Geſchwindigkeit,
womit die Verkäufe auf einander folgen. Und zwi=
ſchen zwey abgeſonderten und bezugsloſen Größen
iſt keine Meſſung möglich.

Daſſelbe ſage ich, wenn einer die Werthe
zwiſchen einem Jahrhundert und einem andern ver=
glei=

gleichen wolte: Berechnung, wo man wohl ausfin-
den kan, wie viel Unzen Metal für eine gewiſſe
Waare gegeben wurden ; nie aber den wahren
Werth der Waare, wenn unter dem Worte Werth
der Grad der Achtung, den ſie in der gemeinen
Meynung hatte, verſtanden wird. Denn mit dem
Verlauf der Zeiten veränderte ſich die Achtung der
koſtbaren Metalle in dem Maas als ſie es durch
die unerſchöpflichen Bergwerke, welche die algemeine Waare immer und immer in Europa vermehren, weniger wurden.

Um die Berechnung des Werths zwiſchen
zweyen, wegen Zwiſchenraums von Ort oder Zeit
gemeinſchaftsloſen, Geſelſchaften richtig zu treffen,
brauchte man die Zahl der Käufer, und der Verkäufer der beyden Nationen, und der zween Zeit-
puncte, die man vergleichen wil.

16. Abſchnit.

Von den öffentlichen Banken.

§. 1. Nuzen der Banken, und der Bankzedel.

Man hat geſehn, welch gute Wirkung zur Her-
abſezung der Geldzinſe die Staatsbanken
thun

thun können. — Die Erfindung der Banken gehört, wie die von den Wechselbriefen, diesen lezten
Jahrhunderten. — Durch die Zedel ward eine Vorstellung der algemeinen Waare eingeführt, die für
die Versendung höchstbequem ist, und in dem ganzen Kreise, durch den sich der Kredit erstrekt, die
Circulation und den schnellen Lauf der Käufe eusserst
vermehren muß. — Solange die Leute sich bey einem Bankzedel, oder einem Wechselbrief eben so reich
glauben, als bey dem Besize der algemeinen Waare, wird man im Handel diese Stüke Papier, und
diese Zusagen des Geldes lieber, als das Geld selbst,
nehmen : weil ihre Verwahrung, und Versendung
ungemein leicht ist.

§. 2. Wo gedeyen Banken?

Solche Erfindungen werden denjenigen Staaten brauchbar, seyn, wo die Bewahrung des öffentlichen Kredits einer großen Anzahl von Männern
anvertraut ist, denen daran ligt ihn zu erhalten;
und die, durch die öffentliche Meynung beschüzt,
sich dergestalt stark finden, daß sie nie nichts fürchten dürfen. Aber, woimmer die Veränderung irgend eines Umstandes den Grad des öffentlichen
Vertrauens zu diesen Vorstellungen der algemeinen
Waare verändern kan, da werden die Privatmey-
nungen, und die Privatgüter in Gefahr von Grund-
erschüt-

erschütterung senn; und nie werden solche Anstalten sich über ein gewisses Ziel hinaus ohne Gefahr erweitern können.

Anmerk. Bey jeder Regierungsform kan sich, wie es Beyspiele gibt, nach und nach ein weiser staatswirthschaftlicher Ton im Besize dergestalt befestigen, daß dergleichen Anstalten erwünschte Aussichten haben. Wäre aber unter gewissen Regierungsformen der völlige Grad von Gewisheit für dieselben doch nicht da oder nicht möglich: so können sie gleichwohl, nur in geringerem Umfange, aufgerichtet werden.

§. 3. Die Bank vermehrt das National-geld, den Umlauf, die Erzielung, die Wohlfeilheit.

Die Banken sind vermögend, diejenige Summe von algemeiner Waare, die sie empfangen, zu verdoppeln: denn beyde die algemeine Waare und ihre Vorstellung bleiben im Lande. Sie solten also, scheint es, die Preise der besondern Waaren zum Steigen bringen. Allein, der rasche Umlauf, den sie durch Vertheilung des Gewins unter eine größere Anzahl von Käufern verursachen, kan, nicht allein die Erhöhung des Preises verhindern, sondern auch denselben durch die immer größere Vermehrung der Verkäufer herunterbringen. Und weil dadurch die Käufe,

G   und

und die Verkäufe, und die einheimiſchen Verzehrun=
gen wachſen: ſo kan die jährliche Erzielung in grö=
ßerem Verhältnis zunehmen.

§. 4. Erfolg von hohen Geldzinſen der Bank.

Wären die Geldzinſen der Staatsbanken hoch,
ſo würden ſie das höchſte Uebel verurſachen, die Bür=
ger nemlich reizen, ihr Kapital in den Banken nie=
derzulegen, und alle Emſigkeit fahren zu laſſen. Die
Gefahr vor ſchlechter Treue würde in dieſem Falle
eine gute Wirkung haben; und dieſer Furcht allein
würden der Ackerbau und die Künſte es ſchuldig ſeyn,
daß ſie nicht ganz verlaſſen würden. Die Staaten,
wann ſie bis zum Verderbnis gekommen ſind, erhal=
ten manchmal ein Gut von denen Grundſäzen ſelbſt,
die ſie verbarben; und zufällig wirkt die Vielfältig=
keit ſchlimmer Grundſäze die Folge, daß zween ver=
derbliche und unverträgliche Grundſäze ſich wechſels=
weis vernichten. So einer wäre gerade dieſer, wenn
eine vorgegangene Verſchwendung des öffentlichen
Schazes das Vertrauen des Volks entfernt hätte, ſo
würde man, um Darlehen zu krigen, überhohe Geld=
zinſen müßen anbieten: wodurch die Emſigkeit zu
Grunde ginge, wenn es Wirkung hätte. Aber, die=
ſer würde ſelbſt die ſchlechte Treue der Verwaltung,
ein anders öffentliches Laſter, entgegen ſeyn, und die
Wirkung Nichts, oder ſehr ſchwach ſeyn.

§. 5.

§. 5. Unterschied zwischen großen und kleinen Staaten, in Ansehung des Nuzens von den Banken.

Die größeren Staaten, die einen auswärtigen Handel mit den entlegensten Völkern haben, erhalten mehr Gutes denn Uebels von den öffentlichen Schulden, solange die Meynung des Volks nicht begint zu mistrauen 1). Eingeschrenktere und untergeordnete Staaten aber spühren wenig Gutes von den Staatsbanken; und dieser wenige Vortheil wird von dem jährlichen Verlust, den der Schaz durch die Last der Zinsen leidet, reichlich aufgewogen. Daher ists im ersten Falle recht, dahin zu sehn, die Nationalschuld zu verewigen; und in dem andern, sie durch die möglichst-unschuldigen Mittel zu tilgen.

Anmerk. 1) Die Zinsen so die Bank zahlt, werden z. B. durch Handel gewonnen, mithin von ausländischem Gelde bezahlt; werden zum Theil auch mit fremden, in die Bank gelegten, Kapitalien gewonnen, sind folglich nur ein Theil von dem, aus diesen gezognen, Gewinste. ꝛc.

17. Abschnit.

Von dem Kreislaufe.

§. 1. Nimt das Nationalgeld und zugleich mit der Kreislauf zu: so wird Alles wohlfeiler.

Die Betrachtungen, die wir bisher machten, führen uns zu dieser Folge: " Daß die Ver= mehrung der algemeinen Waare, und der Vor= stellung derselben, alzeit ein Gut für den Staat ist, wenn verhältnismäßig der Kreislauf zu= nimt. „ Denn da mehren sich die Verkäufer in dem Maas, als sich die Käufer vermehren: welches hinwieder die jährliche Erzielung vergrößert. — Um von dieser Wahrheit eine noch bestimtere Vorstellung zu haben, mus man folgendes erwägen: da jeder Verkäufer eine festgesezte Summe aus seinen tägli= chen Verkäufen ziehen mus, so wird bey ihm auf je= den einzelnen Verkauf eine desto kleinere Summe von Gewin fallen, je eine größere Anzahl von Verkäu= fen er thun wird. — Da dadurch überhaupt der Umlauf auch derer Waaren, die jeder Verkäufer ver= zehren mus, wächst, so wird man dem, der diese feil hat, weniger Gewin geben dürfen; und so wer= den von Hand zu Hand die Löhne der Handarbelter, der Preis der Waaren, die Gewinste beym Handel,

immer

immer herabgehn, die Verkäufer sich immer vermeh=
ren: je mehr der Kreislauf zunehmen wird. Und
siehe da, wie die Vermehrung des Geldes, die für
sich selbst alle Waaren vertheuern solte, vielmehr,
wenn es als Folge allerwärtiger Thätigkeit unter die
Nation komt, das Gegentheil wirkt, nemlich die
Preise, und die Vorstellung des Geldes gleichfals,
zu erniedrigen. Und dieses aus den schon gemeldeten
Ursachen: denn so sehr wächst die innere Bewegung,
und die Anzahl der unaufhörlichen Käufe, daß die
algemeine Waare sich vertheilt und verbreitet, und
der Preis nicht wieder steigt; eben so wie ein Flus,
der in einen andern Flus fält; die Bewegung der un=
tern Wasser, durch den Druk auf sie und durch ih=
ren bekommenen Schus, so stark fördert, daß man
den Wagestand der Wasser eben in dem Augenblike
fallen sieht, wo es schien daß sie am meisten über=
laufen solten.

§. 2. Steigende Preise beweisen nicht stei= genden Nationalreichthum.

Ist die Natur des Kreislaufs, dieser Wirkung
der vermehrten Masse des durch Fleis erworbnen Gel=
des, innig erkant: so begreift man, daß in einem
Lande das sichtbare Steigen der Preise von den Le=
bensmitteln, kein Beweis ist, daß daselbst der Reich=
thum zunehme. Dies kan sich vielmehr zutragen,

weil

weil entweder das Geld abgenommen, und verhält=
nißmäßig der Kreislauf nachgelassen hat, und, da
des Verkäufers Vortheil sich unter eine kleinere Zahl
von Verkäufen theilt, jeder derselben einen größern
Preis haben muß; oder, weil die Zahl der Verkäu=
fer abnimt; oder, weil die Emsigkeit sinkt, und die
jährliche Erzielung fält. Wirklich ist es gegenwärtig
am Tage, daß man nicht durch ganz Italien allein
über den unmäßigen Preis des Unterhalts klagen
hört, sondern durch Frankreich, durch England, und
überhaupt durch ganz Europa. Woraus man sieht,
daß wenn ein Land in Europa diesen übermäßigen
Preis erfährt, man daraus nicht folgern kan, daß
es die andern übertreffe 1), worin der Reichthum,
betrachtet als ein Bestandtheil der Wohlfahrt und
Stärke des Staats, besteht. Der Preis kan also
durch einen durchgängigen Ueberfluß des in Europa
zugenommenen Geldes steigen, ohne daß man einen
Theil von Europa für reicher geworden ausgeben
kan: denn der Reichthum hängt von der Vergleichung
mit den andern Staaten ab 2).

   Anmerk.   1) Einander übertreffen: beruht zwi=
       schen zween Staaten, auf ihrer Macht, und
       Machtquelle; und dann auf solcher Erstarkung
       und Reife ihres Akerbaus, ihrer Manufacturen
       und Handelschaft, daß der übertreffende eines=
       theils von dem andern Nichts zu fürchten hat,
       anderntheils im Gewerbswesen von ihm nicht
                               gestöhrt,

geſtöhrt, gehindert, eingeholt werden kan. Dieſes aber beruht beydes auf gutem Kreislaufe, folglich auf einem großen proportionirlichen Nationalgelde. Sollen alſo die durchgehends geſtiegnen Preiſe Zunahme des Reichthums beweiſen, ſo gälte dieſer Beweis, gegen die Erfahrung, von jedem Lande in Europa; und nicht von Einem allein: Denn

2. Reichthum kan, wie jede andere Größe, nicht anders denn durch Vergleichung beſtimt werden: bey einem Staate, wie bey einem Privatmanne. Durch Vergleichung des Vermögens, bald für ſich und im eignen Kreiſe, mit den Bedürfniſſen, die es befriedigen ſol; bald mit dem Vermögen eines andern.

§. 3. Durch den Umlauf erſt bekomt das Geld einen Werth; und zwar einen der Zahl ſeines Umlaufs gemäs vielzehligen Werth.

Alle die Waaren die in Einem Tage verkauft werden, haben den Werth von allem dem Gelde, das, um ſie zu bekommen, denſelben Tag iſt ausgegeben worden. Aber, das Geld verzehrt ſich nicht: hingegen die Waaren kauft man, um ſie zu verzehren 1). — Dieſer einzige Gedanke iſt gemig, zu zeigen, daß alles in einem Staate umlaufende Geld,

G 4   zwar

zwar der täglichen Verzehrung gleich ist: nicht aber
gleich ist weder der jährlichen Verzehrung, noch der
jährlichen Erzielung. Denn, indem dasselbe Geld=
stük nach und nach durch die Hände vieler Bürger
in einem Jahre geht, so stelt es seinen Werth so oft
vor, als viel die Käufe und die Gänge sind, die es
von einer Hand zu der andern gemacht hat. Je hur=
tiger folglich, und häufiger das Kommen des Geldes
in mehrere Hände ist, um so viel muß man sagen,
daß die verkäuflichen Waaren die umlaufende alge=
meine Waare übersteigen. Und weil da, wo die al=
gemeine Waare selten ist, die Leute aus Noth ins=
gemein sparsamer, vorsichtiger und überlegsamer sind,
um sich deren nicht zu berauben, und auf manche
Bequemlichkeiten und Ergezungen des Lebens Ver=
zicht thun: so thut es Noth, um einen raschen Kreis=
lauf zu haben, daß Ueberflus des Geldes da sey.
Demnach: wenn die Menge des Geldes wächst, wo=
fern sie durch Emsigkeit unter eine Nation komt 2):
so wird die jährliche Erzielung der besonderen Waa=
ren in immer größerem Verhältnis wachsen müßen.

Anmerk. 1) Solche besondre Waaren sind einmal
aus der Circulation hinaus; wenigstens als sol=
che, oder in dieser Gestalt, kommen sie nicht
mehr darein; thun folglich in dem Kreislaufe
keine Dienste mehr. Jene Stüke Geldes hinge=
gen können immer und immer wieder darein
kommen, und darin jedesmal ihren ganzen
Dienst

Dienst thun; und je öfter sie darein kommen, desto mehr sind sie Geld.

2) Da werden die inländischen Käufer vielerley und häufig; sie geben aber ihr Geld den einheimischen Verkäufern, und zum Nuzen des Landes, zu lösen. Solcher Zuwachs von inländischen Käufern, ist nüzlich. Er sezt aber voraus, was der Graf Veri bisher gelehret hat.

§. 4. Das wirkliche Nationalgeld wird von dem Werthe der jährlichen Nationalverzehrung weit überstiegen.

Um sich von dieser Wahrheit zu überzeugen, daß nemlich die Menge des im Staate umlaufenden Geldes sehr weit kleiner sey als der Gesamtpreis, wofür die jährlichen Verzehrungen verkauft werden: darf man nur überlegen, wie viel deren seyn werden, die am ersten Tage des Jahrs das Geld zu den Ausgaben, die sie in dem Laufe von zwölf Monaten werden machen müssen, baar besizen. Gewis sehr wenige, vielleicht kaum Einer je von tausend Einwohnern: und dieser Eine wäre ein schlechter Wirth. Wie viele unter der Nation werden am ersten Tage des Jahrs, kaum das Geld zu einem Wochenunterhalte besizen? Alle Bauern, alle Taglöhner, alle die kleinen Handarbeiter, beynah alles gemeine Volk beyde in der Stadt und auf dem Lande.

G 5   Nichts

Nichts mithin, als die Bewegung und der Umlauf
macht, daß das Geld zu dem jährlichen Handel und
Wandel hinreicht. — Wächst die unter Viele vertheilte Masse des Geldes, so werden, wie oft gesagt, sich die Käufe vermehren; und immer mehr
wird die Menge der besondern Waaren zunehmen,
je eine größere Bewegung der Kreislauf der algemeinen Waare bekommen wird. — Wird man können die Größe der jährlichen Erzielung, und die
Größe der algemeinen Waare im Kreislaufe,
erfahren: so wird man die Größe der Bewegung
des Kreislaufs wissen; und hinwieder, sind zwo
dieser Theilgrößen bekant, so wird man daraus die
dritte finden.

§. 5. Ist müßiges Gold und Silber, ein Gut oder ein Uebel? — Wie kan man es in Umlauf bringen?

Waaren von Silber und Golde, das in Kisten
gehäufte und dem Kreislauf entzogne Geld: sind
diese demnach ein Gut, oder ein Uebel für den
Staat? Ich antworte, daß bey einer vorsichtigen
Regierung dieses alzeit ein Uebel seyn mus. Denn
bey dringender Noth eines Staats ist es nicht anders
erlaubt, einen Bürger mehr wie einen andern zum
Beytrag anzuhalten, als nach dem erscheinenden
Steueranschlag eines jeden überhaupt: und so ver-
schwin-

schwindet der ganze Nuzen, den man von diesen Schäzen hoffen konte. Die, wenn sie dafür unter der Nation umliefen, die jährliche Erzielung zu mehr Ausbreitung treiben, und die wahre und wesentliche Quelle des Reichthums und der Stärke der Nation erweitern würden.

Und wegen der Gold= und Silberwaaren, wird sich, anstat durch gefährliche Zwang= und Aufwands= geseze, besser durch das Beyspiel helfen lassen. Zuverläßig wird es die Wirkung haben, daß kein Edel= mann auf diesen Pracht was wenden wird, wenn die Großen werden einfacher seyn; und gewis werden diese es seyn, jemehr der Gesezgeber den Pracht der Bequemlichkeit dem Prachte des Grosthuns mit der That vorziehen wird.

18. Abschnit.

Von den gemünzten Metallen.

§. 1. Wirkung davon, wenn die algemeine Waare aus Kupfer besteht.

Man mus also, nie aber durch unmittelbare, sondern durch zurükwirkende Geseze, suchen zu machen, daß das Geld so wenig als möglich schimle, und daß es in der schnellesten Bewegung bleibe, um die Zahl der Käufe zu vermehren.

Mit

Mit dem Namen Geld oder algemeine Waa=
re aber, wird jedermann verstehen, daß ich einzig
die edeln Metalle, Gold und Silber, meyne: in=
dem Kupfermünze, oder Silber durch vielen Zusaz
groskörpericht gemacht, den Namen algemeine
Waare nicht verdienen kan a). Sie wird eine ein=
heimische und einem Staate eigne Waare seyn,
die wegen der Frachtkosten die sie machen würde,
nie wird ausgeführt werden.

Wenn daher ein Land seinen Handel mit Kupfer=
münze triebe, so würde es sich dem Zustande vor der
Erfindung der algemeinen Waare, nähern: der
Käufe würden sehr wenige, sie würden beynah auf
die blose Nothdurft eingeschrenkt, und mehr Tausche
mit Sache gegen Sache seyn, als mit Sache gegen
Geld, wegen der beschwerlichen Aufbewahrung, und
des umständlichen und lästigen Fortbringens. Die
jährliche Erzielung würde höchsteingeschrenkt, eußerst=
träg der Kreislauf, die Bevölkerung würde wenig,
und die Emsigkeit unbekant seyn. Erobernde Heere
könten von diesen Menschen ausgehn; Leuten, die
das Leben verachten, weil sie seine Annehmlichkeiten
wenig kennen: aber! eine blühende Nation könte es
nicht seyn, solange sie in diesem Zustand bliebe. Und
entweder müste sie zu dem Leben der Wilden zu=
rükkehren, indem sie sich verinselte, und den Begrif
von den Bedürfnissen gebildeter Nationen verlöre:
oder man müste die Hindernisse mit Fleis wegräu=
men,

men, und in den Leuten ſich jene Gährung von Hofnung und von Bedürfnis entwikeln laſſen, aus der
die Emſigkeit, die Beſelerin der Geſelſchaft, ent-
ſpringt.

a) S. 2 Abſchn. §. 1.

§. 2. Folgerung: Welches iſt das bequem-ſte Geld?

Nach dieſem Grundſaze, wird gerade das Gold
eine Münze ſeyn, die den Kreislauf mehr vergrößern
wird, als das Silber; und die Bankzedel, von der
Meynung begleitet, werden ihn noch mehr vergrößern, wie das Gold. Unter den Metallen alſo, mus
ein Staat mehr die Gold= als die Silbermünze, und
die von Silber mehr als die von Kupfer, wünſchen,
den Vorzug immer dem kleinern Stüke und größern Werthe gegeben.

Viele Europäiſche Nationen pflegen etwas
Münze in Kupfer zu haben, die bey dem kleinern
Handel der Bürger dient 1).

Anmerk. 1) Müſte nur, nach dem richtigen Gange der Natur, der aber im algemeinen Handel
herrſcht und unabweichlich in ſeinem Gleiſe
bleibt, nicht der Krämer ſich nach dem Handelsmanne, und dieſer ſich nicht nach dem
Großhändler, und dieſer ſich nicht nach dem algemeinen Handel richten! Da aber dieſes Geſez
da, und da es wie die Natur unabänderlich iſt:

ſo

so wird zwar der Krämer bey ringhaltiger
Münze, sie sey gros oder klein, Nichts an dem
Käufer, aber eben darum wird der Käufer alle=
mal, verlieren. Dies ist der Probierstein jeder
ringhaltigen Münze, sie sey zum kleinen oder
großen Handel bestimt. Algemeine Waare ist
das Geld.

§. 3. Braucht man die Ausfuhr des Gel= des zu verbieten?

Taxirt das Münzgesez den Werth der Münzen,
nach genauer Berechnung, in eben dem Verhältnis,
als jedes Stük, unabhängig vom Gepräge, in dem
öffentlichen Handel würde geschäzt werden: so ist we=
der Ausfuhr des Geldes aus dem Staate, noch Ein=
fuhr fremdes Geldes zu befürchten. Denn, nie wird
sich ein Handelsmann die Frachtkosten ohne Noth,
und ohne Vortheil aufladen. — Geschiehts aus
Nothwendigkeit, eine Schuld zu bezahlen: so würde
das Gesez, das es verböthe, eine Treulosigkeit, zum
Miskredit der Nation, gebiethen. Geschiehts aus
Gewin: so könte dieses Nichts als eine Vermehrung
des Geldes im Lande seyn, auf Kosten einer weniger
klugen Nation, die wilkürlich hätte wollen die Me=
talle tariren.

Um diese Grundsäze immer mehr aufzuklären,
ist zu bedenken, daß man in jedem Staate, wie
mehrmal gesagt worden, die jährliche Verzehrung,

und

und die jährliche Erzielung betrachten muß. Ist der Ueberschuß unsrer jährlichen Erzielungen nicht dem Werthe der Waaren und Sachen, die wir von außenher bekommen, gleich: so muß nothwendig algemeine Waare hinausgehn, um die Rechnungen mit den andern Nationen zu schließen; und die Ausfuhr des Geldes verbiethen, hieße, die Wirkung wollen wegnehmen, und doch die Ursach stehen lassen.

In einem Lande hernach, wo eine Unze rein Silber alzeit denselben Werth hat, wie eine andre Unze rein Silber, was auch ihr Gepräge, und die Benennung der Stüke die sie ausmachen, seyn, und welches auch ihr Körper, verursacht von der bengemischten schlechten Materie, seyn mag; wo man dasselbe von dem geprägten Silber, und Golde, und Kupfer sagen kan; wo das Verhältnis zwischen dem einen Metalle und dem andern eben dasselbe ist, wie bey den gemeinen Preisen der Metalle: Bey dieser Nation, sage ich, wird niemals eine Unze Gold oder Silber ausgehn, als um einen gleichen Werth, entweder in algemeiner Waare oder in besondrer, herein zu bringen. Und sogar wird ein größrer Werth können hereinkommen, wenn den Fremden jene Münze, die sie wilkürlich haben zu hoch schäzen wollen, übermacht wird, und von ihnen andre Münzen, die sie ebenfals wilkürlich zu niedrig geschäzt hätten, bezogen werden. Denn, eben so wenig thunlich ist es, daß der Gesezgeber nach Gefallen den Preis der algemeinen

meinen Waare festieze, als ers bey irgend einer be=
sondern Waare kan: weil diese Größe, wie wir schon
gesehn haben, von der Zahl der Käufer, verglichen
mit der Zahl der Verkäufer, abhängt a). Ueberal
wo die Münzmandate eine blose Erklärung des ge=
meinen Preises der Metalle werden, da wird es
nicht möglich seyn, daß es Münzunordnung gebe,
noch daß der Münzhandel jemals schädlich sey. Doch
mus man sich des Begrifs erinnern, den wir von
dem gemeinen Preise gegeben haben b). Die Ver=
änderlichkeit des Preises der algemeinen Waare bringt
es nach seiner Natur mit sich, daß eine Münztabelle
nie ein gutes Gesez für lange Zeit seyn kan: denn
durch das Wechseln der Umstände wird sie eine fal=
sche Anzeige, ungeachtet sie anfangs wahr gewe=
sen ist.

a) S. 4 Abschn. §. 2.

b) S. 4 Abschn. §. 5.

§. 4. Brauchen die kleinen, wie die großen Staaten, Geld zu prägen?

Sehr gleichgültig ist es für den Nuzen und
Reichthum eines Staats, ob die Münze eher dieses
als ein anders Gepräge habe. Vielmehr zahlen die
kleinen Staaten die Eitelkeit ihr Wappen auf den
geprägten Metallen zu haben, alzu theuer: denn
die Präge= und andre Kosten fallen entweder auf die
Staatskasse, oder auf die Münze zu verhältnismäßi=

ger

ger Verminderung des Gehalts: welche Ringhaltig-
keit vom Ausländer nie wird als Werth angenommen werden. Sie werden folglich ihre Münze von
den Fremden im Handel verwerfen sehen, wofern
sie sie nicht in ringerem Preise lassen. Daher glaube ich, daß man in den kleinern Staaten nichts anders in Münzsachen zu thun habe, als daß man
genaue Berechnung des Tarifs halte; übrigens im
Handel jede Münze zulasse, nur daß sie als blo-
ßes Metal geschäzt werde. — In den großen
Reichen aber, ist es nothwendig, eine Münze im
Gange zu haben: um die möglichgrößte Menge von
Metal im Kreislaufe zu erhalten, und dadurch die
Käufe möglichst zu vervielfältigen. Woraus, wie
ich gern wiederhole, Zunahme der Anzahl der Verkäufer, und von dieser der innere Ueberfluß, entsteht; von dem die leichte Ausfuhr komt, welche
allein vermag, die jährliche Erzielung bis zur euß-
sten Weite zu treiben: die Erzielung, diese einzige,
wahre und dauerhafte Grundlage von der Stärke
und dem Reichthum eines Staats!

19. Abſchnit.

Von der Balanz des Handels.

§. 1. Dieſe Benennung wird beſtimt.

Von dieſer jährlichen Ausfuhr haben viele ge-
ſchrieben, indem ſie dieſelbe und die jährliche
Einfuhr gegen einander hielten. Insgemein heiſt
Balanz des Handels, der Ueberſchus der Ausfuhr,
verglichen mit der Einfuhr; und umgekehrt. Eine
Art ſich auszudruken, die, wie Jemand gründlich
anmerkte, wirklich weder beſtimt, noch richtig iſt.
Die Ein- und die Ausfuhren müßen bey jeder Nation ſich immer ausgleichen, und nach einem gewiſſen Zeitraume mus der Werth aller eingegangenen Waaren nothwendig dem Werthe aller ausge-
gangenen Waaren gleichkommen. — Wahr iſt es,
daß unter dieſen Waaren auch die algemeine Waare
ſich mit gezehlt findet. Und gleichwie wir geſehen
haben, daß das Zunehmen der umlaufenden Maſſe
des Geldes die Käufe, und folglich die jährliche Erzielung, vermehrt: alſo mus die Abnahme dieſes
Geldes eine Abnahme in die jährliche Erzielung
bringen. Aus dieſem folgt, daß diejenige Nation,
welche die Einfuhren der beſondern Waaren durch
die algemeine Waare ausgleicht, verlieren; und hingegen, wenn ſie die Ausfuhr der beſondern Waaren
mit Einfuhr algemeiner Waare ausgleicht, gewin-

nen

nen wird. — Durch den uneigentlichen Namen also der Balanz des Handels, sucht man diesen Erfund: ob die Nation auf dem Wege zum Wohl-
oder zum Uebelstande sey? Und da glaubte man
richtig die Antwort auf eine solche Frage zu finden,
wenn man die eingeführten besondern Waaren mit
den weggesandten besondern Waaren vergliche: da
dann, die eine sowohl als die andre Rechnung auf
ihren wahrscheinlichen Betrag gebracht, der Unterschied der am Ende zwischen diesen zwo Größen her-
auskomt, als diejenige Summe Geldes betrachtet
wird, die dem Staate sol zugewachsen, oder entgangen seyn.

Anmerk: Man wünscht zu erfahren: 1. Was alles und allerley im Lande erzielt werde. 2. Was
davon im Lande bleibe; was ausgeführt werde. 3. Was und wie vielerley und welches
Quantum von jedem, im Lande verbraucht werde. 4. Was zur Landes-Consumtion eingeführt werde. 5. Wie wir gegen die und die
Nation überhaupt, und in dem oder jenem
Zweige von Nationalwohlstande, ab- oder zunehmen ꝛc. — Das Nro. 1. zu erfahren: dazu dienen Volkstabellen und dergleichen. Das
Nro. 2. 3. 4. ist man gewohnt, aus Zol- und
Acciseregistern zu erlernen. Das Nro. 5. läst
sich schwerlich oder gar nicht, mit Gewisheit
erfahren. Ist auch nicht nothwendig: sey du

H 2   Nati-

Nation ſelbſt recht emſig, und im Aufwande
klug und mäßig, und mit andern Nationen
lebe vernünftig und friedfertig, wie ein klug=
denkender Privatwirthſchafter mit ſeinem Nach=
bar thut, wovon beyde Nuzen haben.

Wann komt einmal die Zeit (denn gewiß
komt ſie einſt, der Gang der Natur wäre
ſonſt nicht Gang der Natur!), da man das
Nro. 2. 3. und 4. nicht mehr wird zu erfah=
ren brauchen; und wo auch ſelbſt die Mittel,
wodurch man es zu erfahren ſucht, die Zolregi=
ſter, nicht mehr ſeyn werden? Wann ein gro=
ßer Theil der Staaten, und nach und nach
alle ſich, gleich wirthſchaftlichen Privat=Nach=
baren, betrachten, und ſich gegen einander
wie jene betragen werden. Da wird unter ih=
nen ein gemeinſchaftlicher Kreislauf, und ei=
nes jeden Wohlſtand eine eigenthümliche Ange=
legenheit der andern ſamt und ſonders, ſeyn.
S. Schmids Staatswirthſchaft. §. 432.
S. 623.

§. 2. Was lernt man aus Vergleichung der Ein= und Ausfuhr der beſondern Waaren?

Aus Vergleichung der ausgeführten beſondern
Waaren mit den eingegangenen beſondern Waaren,
kan ein Staat wiſſen, ob der Betrag der Waaren
die

die er an die Ausländer verkauft hat, größer, oder
kleiner, oder gleich sey dem Betrag der Waaren
die er von ihnen gekauft hat. Diese Kentnis entdekt,
ob ein Staat dem Wohlstande, oder der Abnahme
entgegengehe. Der Staat, bey dem der jährliche
Verbrauch größer war als die jährliche Erzielung,
ist in dem Falle einer wirklichen Abnahme seines
Reichthums; und es läst sich von ihm sagen, was
man von einer Familie sagt, die außer dem Jah=
reseinkommen ein Stük vom Stammgute verbraucht.

Anmerk. 1. S. 3 Abschnit.

2. Dies gilt also auch, wenn gleich schöne
Ausfuhr da ist, viel Geld ins Land komt, un=
terschiedliche reiche Häuser entstehen. Das
Ganze der Einfuhr, und das Ganze der Aus=
fuhr, gegen einander gestelt, muss entscheiden.
Und wie dieses entscheidet, so ist es, und da=
bey bleibts naturfest, was auch der Schein und
Schimmer von Theilreichthum dagegen einwen=
den mag. Ein von diesem befangnes Auge,
siehts bey einer Privatfamilie leicht und unge=
zweyfelt ein: aber, was es da sieht, das wil
es bey einer Volksfamilie nicht sehn.

3. Dies gilt nicht weniger, wenn, um viel
auswärts gäng und gebe Ausfuhr machen zu
können, und dadurch fremdes Geld zu gewin=
nen, und die Lüken, die durch die ungeheure
Luxuseinfuhr gemacht sind, und jährlich ver=

H 3   grö=

größert werden, auszubüßen: wenn alſo dazu
taugliche Manufacturen und dergleichen beför=
dert, betrieben, begünſtigt, als Grundſeulen
des Landeswohls gelobpreiſet werden, da indeß
der Akerbau, und die nüzlichen Werkſtätte, die
jenen eine Anzahl ihrer Aerme, und zu ihrer
öffentlichen Unterſtüzung das Geld, hergeben
müßen, auch zum Bau unlandwirthſchaftli=
cher Producten und Materialien aufgefordert
und verleitet werden, ſchmachten und dahin=
welken.

§. 3. Wie viel Licht geben hie] die Zol-
regiſter?

Würden in die Regiſter der Zollhäuſer alle Ein=
und Ausfuhrwaaren genau eingetragen, ſo ließe ſich
aus dem Auszuge derſelben einſehn, was vor ein
Verhältnis der Betrag der jährlichen Einfuhr zum
Betrage der jährlichen Ausfuhr habe. Allein, in
vielen Staaten geſchieht dies nicht, und unterſchied=
liche Handelsartikel, bald unmittelbare Felderzeug=
niſſe bald Fabrikwaaren, kommen nicht in dieſe Re=
giſter, weil ſie zolfrey ſind. — Und würden auch
alle beſondre Waaren beſchrieben, doch kan die als
gemeine Waare nicht eingetragen werden, und ſie
kan in einem Staate aus= oder eingehn, um ent=
weder von der Nation in auswärtigen Banken, oder

von

von Fremden in unsern Banken, angelegt zu wer=
den; und so auch herüber und hinüber, um Grund=
stüke zu kaufen. Ist gleich dieses kein Stük weder
der jährlichen Erzielung, noch der jährlichen Ver=
zehrung: doch kan es, Kraft der Grundsäze die wir
gesehn haben, mitwirken, den innern Kreislauf
schneller, oder träger zu machen; und wäre folglich
ein Theilbegrif den man haben solte, um die Zu=
oder die Abnahme der jährlichen Landeserzielung
richtig zu berechnen. Der Auszug aus den Zolbü=
chern ist daher nicht genug, diese wichtige Kentnis
gewis zu machen.

§. 4. Was sie nuzen; und wie weit nicht.

Leistet aber gleich dieser Auszug uns nicht so
viel: so ists dennungeachtet immer sehr nüzlich, ihn
zu machen. — Es gehört Deutlichkeit in den Be=
griffen dazu, um eine Methode auszudenken, nach
der man in einer aus so vielen Theilen zusammenge=
sezten Rechnung beweiskräftig verfahre, und beyde
alle Waaren in Klassen bringe, und jede nach ih=
rem wahrscheinlichen Preis tarire. Ich sagte, daß
Deutlichkeit der Begriffe dazu gehöre, um eine be=
weiskräftige Methode auszufinden, mit der man,
ohne Anstos, durch Arithmetik so viele Gegenstän=
de zusammenfassen möge. Denn jede Rechnung,
der es an der Rechtfertigung oder Beweiskräftig=
keit fehlte, und in der die angegebnen Summen

nicht

nicht der Punct oder Gipfel wären, von welchem
die Glieder der Kette, die zu den ersten Bestand=
theilen führen', ausgehen; eine Rechnung, die auf
die blose und beweislose Angabe Glauben forderte:
Die wäre ein Geschäft, auf das sich kein richtiges
Urtheil stüzen ließe, wie jedermann sieht.

Gewis wäre dieser Auszug noch beträchtlicher,
wenn man daraus nicht blos die Summen der ver=
sandten und empfangnen besondern Waaren, son=
dern auch die Staaten, wohin und woher sie gekom=
men sind, ersehn könte. Allein, dieses arithmetische
Geschäft auf eine beweisende Art zu machen, er=
heischt zu viel Zeit und Aufwand : und der Zwek
und der Nuzen, der von solcher Eintheilung zu er=
halten steht, ist sehr viel geringer, und ungewisser,
als es einem vorkömt. Nicht alle Waaren zieht man
unmittelbar von ihrem ursprünglichen Vaterlande:
und den Zolschreibern werden sie als herkommend
von der Stadt, wo sie abgestoßen wurden, ange=
zeigt; wodurch ein Ursprungsirthum in das Regi=
ster komt. Die rohen und veredelten Landeswaaren,
welche verführt werden, gehen nicht jedesmal alle
dem Ziel gerade zu, wohin sie gelangen sollen, und
wo sie verbraucht werden: andre Quelle von Irthum,
denn in den Zolregistern wird man sie auf Rechnung
eines Landes, durch das sie nur gehen, gesezt finden.
Die dritte Quelle von Irthümern entsteht aus der

Un=

Unerfahrenheit der Frachtleute, und Führer, von denen sich wenig Genauigkeit hoffen läst: und doch ist es ihre Angabe allein, was in die Zolbücher geschrieben wird. — Diese drey unvermeidlichen und weitreichenden Quellen von Irthümern müssen in ein dergleichen Geschäft sich verbreiten. Da man nun die Uebersicht von den Verhältnissen, worin eine Nation zu jeder mit ihr verkehrenden Nation steht, eußerst unvolkommen haben wird: von was vor Nuzen wird eine solche Eintheilung seyn? gerade von keinem. Denn da wo wir meynen Gläubiger zu seyn, kan eine Tratte eines Bankier uns zu Schuldnern gemacht haben; und umgekehrt. Hat man aber, um eine anscheinende zergliederte Eintheilung zu bekommen, das Wesentliche unterlassen, nemlich die wahre arithmetische Beziehung, welche die Wahrheit der Summen, durch Zurükführung und Hinweisung auf die Elemente oder Bestandtheile, versichert: so hat man einen übeln Tausch getroffen, denn das Wesen hat man für den Schein dahin gegeben.

§. 5. Wie sie brauchbar einzurichten.

Ein Staat ist eine große Familie. Am Ende des Jahrs sol man wissen: ob sie zu- oder abnehme; welches die Artikel seyn, in denen sie ärmer; welches die, in denen sie stärker werde; der Namen

H 5

ihrer

ihrer Gläubiger, und ihrer Schuldner, ist sehr
gleichgiltig; und der Waaren ursprüngliches Vaterland ist so ungefehr bekant.   Ich glaube daher,
daß man in den Auszug der Zolbücher die Unter-
scheidung aller Waaren, mit jeder ihrem Preise,
und der einzigen kaufmännischen Eintheilung, Sol
und Haben, bringen müsse. Man mache ihn über,
ich wiederhole es, mit einer nicht willkürlichen,
sondern bey jeder Angabe erweisbaren, Rechnung. —
Eine nach diesen Gesichtspuncten gemachte Tabelle,
belehrt einen geschikten Staatsmann von dem wahrscheinlichen Zustande, worin sich die Emsigkeit der
Nation befindet; und diese blose Uebersicht kan ihm
anzeigen, welches der Zweig sey der die ungesäum-
tere Hülfe verdiene, welcher zunehme und erstarke,
welcher Klasse von Leuten er vorzüglich bald bey
dem Akerbau bald bey den Handwerken Unterstüzung
geben müße, auf daß sich bey der Nation alle Zweige der jährlichen Erzielung möglichst kräftig erhalten. Ohne solche Uebersicht wüste man nicht, wohin vornehmlich, ob zu der einen oder der andern
Klasse des Volks, man sich wenden solle; und es
könte ein Theil von Nationalfleise merklich vermindert seyn, bevor die Regierung es merkte.

Ohne diesen jährlichen Prospect, ließe sich nicht
einmal mit einiger Zuverläßigkeit voraussehn, von
welchem Betrag für die Staatskasse die Verminderung der Abgabe von irgend einer besondern Waare,

re, sey; man würde folglich, so oft man Hand an
solche Abgabe legte, entweder allemal wagen müßen,
oder nie den Vortheil der jährlichen Erzielung be=
günstigen dürfen, welcher nach dem Wechsel der
Umstände einzelne Veränderungen in den Waaren=
abgaben erfordern kan.

Ist nun gleich der Auszug aus den Zolbüchern,
eine Anstalt die man machen sol: so läst sich darum
nicht daraus genau schließen, ob in solchem Jahr
die jährliche Erzielung zu= oder abnehme. Denn,
wären auch die versandten besondern Waaren von
ringerem Betrag, als die empfangenen besondern
Waaren: so könte etwan mehr algemeine Waare im
Lande ein= als ausgeführt worden seyn; und da=
durch erhielte der Nationalfleis neuen Sporn den
Kreislauf und die jährliche Erzielung zu vermehren.

20. Abschnit.

Vom Wechsel.

§. 1. Was es heiße, der Wechsel verliert.

Der Wechselcurs= oder Gang ist ein anders
Mittel, an das sich Einige wenden, um den
Stand der Jahrserzielung zu erfahren. Um sich
einen Begrif von einer Sache zu machen, die theils
durch

durch die eigne Kunstsprache, theils durch die klein=
liche Umständlichkeit womit Etliche davon gehandelt
haben, dunkel worden ist: braucht man nur zu er=
wägen, daß die Schulden der einheimischen Nego=
zianten an die auswärtigen Negozianten, sich leicht=
lich so weit gleich machen lassen, daß die Schuld ei=
ner Anzahl auswärtiger Negozianten an die einhei=
mischen, jener ihren Betrag ausgleicht: indem der
einheimische Negoziant seinen Schuldner seinem
Gläubiger überläst, und man der Hin= und Hersen=
dung des Geldes zwischen unsrer Nation und den
fremden entübrigt ist.

Bleibt aber die Nation, nach Gegeneinander=
rechnung ihrer Forderungen und Schulden an die
Ausländer, annoch Schuldnerin: so müßen schlech=
terdings die zwo Rechnungen von Einfuhr und Aus=
fuhr ausgeglichen werden, und die Nation mus das
Geld auswärts versenden; und diese Versendung
bringt Gefahr und Kosten. In diesem Falle folglich
mus ein Einheimischer, der eine Summe wil an die
Ausländer bezahlen lassen, die Kosten der Versen=
dung tragen; und gibt man einem Negozianten den
Auftrag, diese Zahlung zu thun, so mus man dem=
selben die Versendungskosten, die er nach und nach
machen mus, bezahlen. Also, wer einen Wechsel=
brief auf ein auswärtiges Land begehrt, der mus
dann mehr zahlen als die Summe, die in dem aus=

wär=

wärtigen Lande wird ausgezahlt werden. In diesem Falle verliert der Wechsel.

§. 2. Wann der Wechsel gewinne.

Man seze im Gegentheil, daß, alle Schulden
gegen einander aufgehoben, die Nation doch noch
Gläubigerin von den Auswärtigen bleibe. Weil
alsdenn die Frachtkosten des Geldes auf die Auswärtigen fallen, so wird, zur Ersparung dieser Kosten und Gefahr, die alzeit der Schuldner trägt,
der Ausländer gern auf dem Plaze etwas weiter
als er schuldig ist, bezahlen. Und also, um einen,
von den Auswärtigen zu zahlenden, Wechselbrief zu
haben, wird man etwas weniger ausgeben, als von
den Auswärtigen wird in der That bezahlt werden.
Und da sagt man, daß der Wechsel gewinne.

§. 3. Wechselcurs, kein Beweis von dem Ab = oder Zunehmen des National= wohlstandes.

Könte bey einer Nation der Wechsel gleichförmig, entweder im Gewin oder im Verluste, seyn,
d. i. um mich der Kunstsprache zu bedienen, stünde
der Wechsel unverrükt und durchgehends in einem
Jahre niedrig, oder hoch: dann könte man einen
gegründeten Schlus auf die jährliche Erzielung dar-

aus

aus ziehn. Allein, dieses ist ein eingebildeter Fal, und in der Wirklichkeit gewinnen die Wechsel mit einer Nation, und verlieren mit der andern, und sind alle Tage veränderlich. Woraus folgt, daß der Beweis den man daraus ziehen könte, höchstunge= wiß seyn würde.

Man bedenke, daß, wenn die Negozianten suchen Kapitalien in ein frembes Land zu senden, um entweder bey Gelegenheit ihren Einkauf zu ma= chen, oder wegen andrer Speculationen, der Wech= sel der Nation auf denselben Plaz gewinnen wird: und die Jahrserzielung wird deswegen nicht zuge= nommen, sie könte vielmehr abgenommen, haben. Immer ist also der Beweis, von dem Wechselgan= ge hergenommen, ungewiß.

21. Abschnit.

Von der Bevölkerung.

§. 1. Der Mensch sucht von Natur, sein Geschlecht zu vermehren, wenn ihn keine natürlichen oder geselschaft= lichen Uebel daran hindern.

Das sicherste Mittel das Zunehmen der jährli= chen Erzielung in einem Staate zu erkennen, ist

ist das Zunehmen der Bevölkerung. Die menschliche Gattung, wie alle andre, strebt, Kraft ihrer Einrichtung selbst, sich zu verewigen und zu vermehren. Die verheerenden Erscheinungen der Natur, Ueberschwemmungen Erdbeben Vulkane, vernichten manchmal die Bevölkerungen. Verkehr und Gesellschaft zwischen Nation und Nation, theilt die ansteckenden Krankheiten, und die Kriege mit; selbst die Thätigkeit des Fleißes verursacht den Verlust der durch Schifbruch oder Krankheiten auf den langen Seefahrten, und der in den Eingeweiden der Erde durch Einathmung der schädlichen Luft in den Bergwerken, umgekommenen. In dem gewöhnlichen Laufe der Dinge aber, strebt die menschliche Natur nach unbegrenzter Geschlechtsvermehrung : welches von denen die diesen Gegenstand gründlich abgehandelt haben, in helles Licht ist gesezt worden.

Folglich, in jedem Staate, wo entweder die Bevölkerung nicht zunimt, oder langsam zunimt, und nicht im Verhältnis zur natürlichen Fruchtbarkeit : daselbst mus man sagen daß ein Regierungsfehler sey, so gros, als der Abstand zwischen dem was ist, und dem was seyn solte; es sey denn daß es, wie ich sagte, daselbst eine offenbahre außerordentliche Ursach gebe, der dieser Betrag von Unfruchtbarkeit beyzumessen wäre. — Die Gewohnheit hält den Menschen dem Boden wo er geboren ist, dergestalt anhängig und ergeben, daß es drükende

Uebel

Uebel braucht, eh er so weit geht daß er ihn ver=
läst; und der Ehestand ist so anzüglich, daß, wo=
fern keine Unmöglichkeit sich fortzubringen da ist,
jeder Bürger von der Natur selbst dazu geführt wird.

§. 2. Wachsthum der Bevölkerung, ist ein Beweis von Wachsthum des Nahrungsstandes.

Jedermann begreift leicht, daß die Stärke ei=
nes Staats nach der Zahl der Menschen die daselbst
wohlgenährt durchkommen, zu messen ist; und
daß, je mehr ein Staat bevölkert ist, desto größer
die inländischen Verzehrungen seyn müßen; je größer
diese sind, desto mehr belebt die jährliche Erzielung
seyn muß.   Folglich, aus der Vermehrung oder
Verminderung des Volks, wird man die Vermeh=
rung oder die Verminderung der jährlichen Erzielung
erkennen.   Ja! da diese Vergrößerung (der Volks=
menge nemlich) ein Beweis von dem Wohlseyn,
und der Sicherheit ist, so die Menschen in dem
Staate antreffen; und da Wohlseyn und Sicherheit
in den gesitteten Geselschaften immer von belebter
Emsigkeit und schnellem Kreislaufe unzertrenlich sind:
so folgt, sage ich, daß man aus der Vermehrung
des Volks die Vermehrung der jährlichen Erzielung
erkenne, die weit mehr als die jährliche Ausfuhr,

das

das Maas von der Stärke und Wohlfahrt des
Staats ist.

§. 3. Nicht die Arbeit, auch nicht die Aus= fuhr, sind das Maas von dem Wohl= stand eines Lands.

Das Maas von der Stärke eines Staats oder
von seinem Wohlstande, ist nicht, wie es beym er=
sten Anblike scheint, die Zunahme der Arbeit, in=
dem der Ertrag nicht immer zur Arbeit verhältnis=
mäßig ist; vielmehr in einem Lande, wo die Werk=
zeuge des Feldbaus, und der Handwerke unvolkom=
ner und gröber wären, da würde die Arbeit größer,
nicht aber darum die Macht, oder der Reichthum
vergrößert, seyn.   Die Aufgabe der Staatswirth=
schaft ist: „ mit der möglich kleinsten Arbeit,
den jährlichen Ertrag möglichst zu vermehren. „
Ferner sage ich, daß die jährliche Ausfuhr ein
zweydeutiges Maas von der Stärke und Glükselig=
keit eines Staats sey.   Denn, man könte neue Ein=
wohner bekommen, die anfänglich durch ihre Ver=
zehrungen die jährliche Ausfuhr verminderten: wo=
durch es möglich würde, daß die Anzahl der Ein=
wohner zunähme, und die Ausfuhr gerade deswe=
gen etliche Jahre lang abnähme.   Doch ist es wahr,
daß dieses für den Staat kein Zuwachs von gründ=
lichem Reichthum wäre, wenn die neuen Verzehrer

J   nicht

nicht bald zur jährlichen Erzielung beytrügen, und demnächſt mit die Ausfuhr vergrößern hülfen. — Es könte ſich auch das Gegentheil zutragen, daß nemlich das Volk durch einen Zufal abgenommen hätte, und die jährliche Ausfuhr ſich eine Zeitlang vergrößerte. Alſo, die bloſe Ausfuhr iſt für den Staat kein alzeit ſicherer Maßſtab des jährlichen Ertrags.

Anmerk. 1. Ausfuhr iſt weit nicht das Erſte, auch nicht das Unmittelbare, das zur Glükſeligkeit eines Landes gehört. Dieſe beſteht darin, daß alle und jede in ihrem Theil und Fache glüklich ſind. Iſt dies ohne Ausfuhr erreichbar, ſo braucht man dieſe nicht. Erzielt das Land ſelbſt alles, den Gattungen und der Menge nach, was ſeine Verzehrung erfordert; und nimt die Verzehrung jedem Erzieler ſeine Feil= ſchaft ab: was braucht dieſes Land weiter? Wäre da Ausfuhr nicht unnöthig? Wenn der Erdboden nur Ein Land wäre, ſo könte er keine Ausfuhr machen: darum aber wäre er nicht unglüklich. Handel, Abſaz, Verkehr iſt nöthig, und vielfach heilſam: im Lande her= um, und vor das Land hinaus, wie es ſich ſelbſt gibt und macht. Dies iſt der Rath der Natur, und, wo man ihr nicht vorgreift oder ſie zurükſtöſt, ihre wirkliche Praxis und ihr Gang. Da aber iſt das Gegentheil, wo man

in

in Ausfuhr, und nur immer Ausfuhr, die Quelle der öffentlichen und Privatwohlfahrt ſezt.

2. Bisweilen hört man einen klugen Mann ſagen: „Wenn durch Vermehrung und Verbeſſerung der Maſchinen viele Hände um Arbeit und Brodt kämen: ſo laſſet lieber die Maſchinen in der Natur vergraben liegen.„ Dies gefält einem, und doch auch nicht: das erſte nemlich, nicht aber das lezte. Die Natur ſchlichtet: „Machet, daß ſo viele Menſchen Akerbau treiben können, als das Land und der beſte Anbau nur immer erfordern: dann erfindet Maſchinen, und verbeſſert die vorhandnen, und machet ſie allerwärts gemein; es wird darum nicht Einen Arbeits= und Brodtloſen geben, es ſey denn aus ſeiner eignen Schuld.„

22. Abſchnit.
Von der örtlichen Vertheilung der Menſchen.

§. 1. Folgen davon, wenn die Menſchen allzuweit auseinander wohnen.

Dieſe Volksmenge aber, iſt es beſſer, daß ſie dünne auf einem weiten Lande herum, oder

aber

aber dicht und in engern Raum gepreſt, wohne? Ich antworte, daß, wenn eine Völkerſchaft alzu weitläuftig und verdünt auf einer großen Fläche wohnen wird, die innere Gemeinſchaft die möglich kleinſte ſeyn werde: denn, je größer die Weite von Dorf zu Dorf, und von Stadt zu Stadt ſeyn wird, deſto ſchwerer wird Gemeinſchaft durch Kaufen und Verkaufen ſeyn.   Folglich wird da kein Kreislauf, und Handel blos in ſolchen vorbeygehenden Fällen ſeyn, wo der Preiſesunterſchied zwiſchen Ort und Ort handreiflich gnug iſt. Und da die Leute ſo aus einander und verinſelt wohnen, ſo wird können kein Leben ins Erwerben kommen, und die jährliche Er=zielung wird ſich auf wenig mehr, als auf Befrie=digung der Bedürfniſſe der erſten Nothdurft, ein=ſchrenken.

§. 2. Folgen davon, wenn ſie gar zu dicht wohnen; und dann von der Mittelſtraſſe.

Iſt hingegen das Volk in einen gar zu engen Raum von Land zuſammengedrengt, ſo wird der Kreislauf der ſchnelleſte, und die jährliche Erzie=lung wird die größte ſeyn.   Weil aber das Land nicht hinreicht, einen jährlichen zur Landesverzeh=rung verhältnismäßigen Ertrag von Lebensmitteln herzugeben: ſo wird dies Volk müſſen ſeinen Fleis

vor=

vornehmlich auf Manufacturen lenken. Deren
Werth, weil er auf der Meynung der Leute be=
ruht, welche wilkürlich ist und mit den Umständen
wechselt, immer ungewisser und abhängiger seyn
wird, als der Werth der Grunderträgnisse, die zum
Unterhalt des Lebens dienen. — Diese dichtwoh=
nende Menge also wird ein eusserst großes jährliches
Einkommen haben: aber von Reichthümern, die,
gegen die physischen und natürlichen Bedürfnisse,
unsicher seyn werden. — Durch höchste Noth zur
höchsten Thätigkeit getrieben, kan ein Volk, in sol=
che Umstände gesezt, die kühnsten Unternehmungen
ergreifen und ausführen. Läst aber sein Fleis und
der rasche Kreislauf einen Augenblik nach; hören
die Geseze und die Sitten auf es zu regieren, flugs
wird alles seine Gestalt ändern, und blos jene Ein=
wohner werden bleiben, deren Verzehrung mit dem
jährlichen Ertrag des Bodens in Verhältnis steht.

Zwischen diesen zweyen Enden muß ein Staat,
um im Wohlstande zu leben, sich befinden: nemlich
nicht so viel Land einnehmen, daß es den Leuten die
Gemeinschaft schwer macht; und sich nicht derge=
stalt verengen, daß man den Unterhalt außerhalb
suchen muß.

§. 3. Sind große Städte nüzlich? Gründe zur Entscheidung.

I. Städte sind in einem Lande das, was in einer Stadt die Marktpläze sind. Sie sind der Vereinigungspunct oder Sammelplaz, wo die Verkäufer und Käufer einander antreffen. Und die Hauptstadt ist den Städten das, was diese dem Lande sind.

* Man kan fragen, ob es der Nuzen der Nation erheische, daß sich in der Stadt, und besonders in der Hauptstadt, das Volk in einer großen Masse zusammenhäufe; oder, ob man vielmehr machen solle, daß dieses nicht erfolge, und die Bevölkerung auf dem Lande vorzüglich zunehme?

II. Die Sterblichkeit ist größer in den Städten, als auf dem Lande: weil in den volkreicheren Städten das menschliche Leben kürzer ist. — Dazu komt die ganz natürliche Betrachtung. Und zwar: daß der Landmann offenbahr zum jährlichen Ertrag bey weitem mehr beyträgt, als ein Theil der Stadteinwohner thut. Es scheint also, die Vermehrung der Bauern sey nüzlicher, als die Vermehrung der Stadtleute.

III. Man denke aber zurük an den kurz vorhin gemeldeten Grundsaz: daß nemlich, je dichter die Menschen wohnen, desto mehr Gährung der Fleis von einem äußerstschnellen Kreislauf bekomme.

me. Die Städte, insonderheit die großen und
sehr volkreichen, sind der Mittelpunct von Vereinigung, woher die Stöße in den Fleiß des ofnen Landes ausgehen: der sich auf dem Lande nicht von sich
selbst anspornen kan, weil da unter den Leuten wenig die Bedürfnisse sind, und wenig der Umlauf ist.
Eine große zusammengehäufte Leutmasse muß in den
Bezirk der Landgüter, die sie umringen, die Thätigkeit verbreiten, um daher ihre Verzehrungen zu
ziehn. Die Bequemlichkeiten des Lebens in den
volkreichen Städten beschäftigen eine große Anzahl
Künstler; die Künste werden verbessert, die schwie-
rigsten Kunsterzeugnisse zur Volkommenheit gebracht.
Vertheilte sich dieselbe Volkszahl auf dem Lande herum, und wäre keine sehr volkreiche Stadt da: so
würde unstreitig Kreislauf, und Emsigkeit kleiner
seyn, und folglich kleiner der jährliche Ertrag. Jedermann weiß, daß man größere Ausgaben in den
Städten hat, als wenn man auf dem Lande lebt;
und jedermann weis, und erfährt es, daß wenn
man in größeren Städten lebt, eine größere Zahl
von Einkäufen zu machen ist, als in den kleinen
Städten. Demnach: einerley Volksmenge, verdünt,
wird einen sehr weit kleinern Kreislauf, dicht,
wird sie einen sehr weit größern haben; und, die
jährliche Erzielung, gleichwachsend mit der Zahl
der Einkäufe, d. i. mit dem Wachsthum des Kreislaufs, die jährliche Erzielung, sage ich, wird grö-

J 4

ßer

ßer seyn, je mehr es volfommen volkreiche Städte in einem Staate geben wird.

IV. Allerdings mus in jedem Staate ein Verhältnis zwischen den Stadtleuten und dem Landvolke seyn.

In einem kriegerischen Staate, und der entweder Einfälle der Feinde zu fürchten hat, oder auf Eroberungen denkt, da mus das Leben in der Stadt schwerer, als auf dem Lande, gemacht werden, um vorzüglich die Akerleute zu vermehren: weil Sie die Leute sind, die besser für die Kriegsheere taugen, und weil es dem Feinde schwerer ist, sich eines Volks zu bemächtigen, je mehr es verdünnet ist.

In einer Nation aber, welche Einfälle wenig zu fürchten hat, und die nicht nach Eroberungen strebt: wird es nicht schädlich seyn, viel Volk in den Städten zu haben, indem diese einen stets der Verzehrung gleichschreitenden Anbau der Felder nach sich ziehen, wofern diese von Natur besserungsfähig sind.

V. Ein Halm gemeinstes Grases, auf der Wiese gemäht, ist ein träges Stük Materie, so lang es einzeln, oder in kleine Massen gesammelt, bleibt. Wird aber ein großer Haufe dieser abgeschnittenen Kräuter auf einander gesezt, da wird man Gährung entstehn, sich eine Wärme entwikeln, durch die ganze Masse eine Bewegung bringen sehn, die sich endlich entzünden, flammen, und den Horizont

rizont erhellen wird. Jede Weinbeere, wenn sie für
sich, oder bey wenigen andern ähnlichen ist, löst sich
in eine hesigte Materie auf; sind sie aber in großer
Menge in einen Behälter zusammengedrükt, da er=
regt der wechselsweise Stos der unzehligen flüchtigen
Theilchen die ganze Masse, und bringt sie durchaus
in Erhizung, und es zieht sich davon eine Feuchtig=
keit ab, die in den Dunstkreis wohlriechende erschüt=
ternde Atomen, und in die Adern eines jeden der
davon kostet, Leben und Jugend verbreitet. So
ist das Gemählde des menschlichen Geschlechts. Der
Mensch, verinselt, ist furchtsam, wild, und un=
geschikt; wohnt er dünne, oder mit Wenigen zusam=
men, so weis er wenig oder nichts zu thun. Aber,
eine Gemeinde recht vieler zusammengehäufter, ver=
dichteter, und in wenig Raum gedrengter Menschen,
belebt sich, und giehrt, und vervolkomnet, und ver=
breitet ringsumher Thätigkeit, Ergiebigmachung,
und Leben.

23. Ab=

23. Abschnit.

Fehler, die man bey Berechnung des Bevölkerungsstandes bege= hen kan.

§. 1. Mittel, die Data zur Berechnung der Volksmenge zu bekommen.

Auf die Hauptsache zurük zu kommen: So ist also das Zunehmen der Bevölkerung, der einzige sichere Zeiger von dem Zunehmen des jährlichen Ertrags 1).

Um aber diese Thatsache zu bewähren, muß man einige Rüksichten gebrauchen. — Manchmal kan die Volksmenge scheinen zu= oder abgenommen zu haben, blos weil die Aufmerksamkeit, womit die Untersuchungen geschehen sind, zu= oder abge= nommen hat.

Die Seelenregister der Geistlichen pflegen am getreusten zu seyn. Wird man aber wollen diese ge= gen andre weniger genaue Register halten, so wird der Unterschied der zwey Vergleichungsglieder nicht den Stand der Bevölkerung beweisen. Bey practi= schen Fällen darf man diese, wenn auch kleinliche, Rüksichten nicht vergessen. Denn, um einen Schluß auf die Bevölkerung zu ziehen, ist nothwendig, daß

die

die Treue, und die Genauigkeit der unterſchieblichen
Jahre, die gegen einander gehalten werden, wahr=
ſcheinlich gleich ſey.

1) S. 21. Abſchnlt. §. 1.

§. 2. Wie der Bevölkerungsſtand zu be= rechnen ſey.

Bey jeder Nation ſolte es ſcheinen leicht zu
ſeyn, einen von den zween Säzen, entweder daß
die Bevölkerung zu= oder daß ſie abgenommen
habe, zu beweiſen: wenn man ein Jahr, ohne Un=
terſchied, aus den vergangenen heräusnähme. Nach
einer Peſt, nach dem Elend eines Kriegs war ein
Staat leicht mehr entvölkert, als er heut iſt: wenn
gleich die Bevölkerung gegenwärtig abnähme. Bey
dergleichen Berechnungen, ſind zwey eußerſte Enden
allein nicht genug: ſondern man mus eine Reihe
mehrerer unmittelbar vorhergegangnen Jahre ha=
ben. Bey einer Reihe von ſechs bis acht auf ein=
ander folgenden Jahren, erkent man, welchen Gang
die Bevölkerung nehme. Und zieht nun eine Mit=
telzahl aus mehreren Jahren, ſo ſieht man mit der
That, ob der lezte Beſtand größer als dieſelbe, oder
kleiner ſey. Woraus ſich ein Schlus, ſo richtig und
bewieſen als jeder andrer, ziehen läſt, um zu erfah=
ren, ob die jährliche Erzielung, und die öffentliche
Wohlfahrt zu= oder abnehmen.

24. Ab=

24. Abschnit.

Eintheilung der Landeseinwohner nach gewissen Beziehungen oder Rüksichten.

§. 1. Erzielung; Mittelhand; Ver= zehrung.

Die Menschen die eine Nation ausmachen, die betrachte ich als in drey Klassen vertheilt: Erzieler, Mittelhände, Verzehrer. Ich unter= lasse von der abgesonderten Klasse der Regierer zu reden. Solche sind jene welche die Majestät des Regenten vorstellen: die Richterstühle, die Kriegs= leute, die Diener der Religion u. s. w. eine Klasse von Menschen, bestimt die Handlungen Anderer zu regieren, und zu schüzen; ich unterlasse es, weil ihre Geschäfte nicht unmittelbar in den Kreis der Ge= genstände fallen, die in der Staatswirthschaft un= tersucht weilen.

Erzieler also sind diejenigen Menschen, die, entweder durch Mitwirken mit der Zeugungskraft der Erde, oder durch Umgestaltung der Naturerzeugnis= se mittelst der Künste und Handwerke, einen neuen Werth oder Betrag, so zu sagen, erschaffen, dessen Gesamtsumme jährliche Erzielung heist.

Mit=

Mittel = oder Zwischenhände, sind diejenige Klasse von Menschen, die sich zwischen den Erzieler und den Verzehrer begeben: dem Ersten einen leichten Absaz der durch seinen Fleis hervorgebrachten besondern Waare verschaffen, und einen bereiten Erwerb eines gleichwehrtigen Stüks von algemeiner Waare dagegen darbieten. Dem andern die besondre Waare vorlegen, mit der Bequemlichkeit, Eines Bliks unter vielerley daliegenden Gattungen von einerley Waare seine Wahl zu machen. Diese Vermitler sind alle die Handelsleute; alle jene Menschen, die einkaufen, um wieder zu verkaufen; alle die Menschen, die beym Versenden gebraucht werden: lauter Personen, die das Vorschubsmittel sind, das den Verzehrer dem Erzieler nähert, und folglich mit ihrer Arbeit den Kreislauf erleichtern.

Die dritte Klasse, der Verzehrer, begreift, wie sich leicht versteht, diejenigen, die keinen Fleis in der gemeinen Masse der Geselschaft von dem Eignen anlegen.

§. 2. Verhältnis dieser drey Klassen gegen einander; und Nüzlichkeit einer jeden 1).

Diese drey Klassen, welche die Stammklassen sind, sind darum ihrer Natur nach nicht unverträglich. Ja! jeder Erzieler mus nothwendig von dem

gan-

ganzen zu seinem Unterhalt bestimten Theil Verzeh=
rer seyn; dasselbe sage ich von dem Vermitler. —
Der Verzehrer scheint beym ersten Anblik eine un=
nüze Last des Staats zu seyn. Denn wenn die
ganze Masse der blosen Verzehrer auswanderte, so
könte, scheint es, nichts anders daraus sich zutra=
gen, als daß die jährliche Ausfuhr um so viel ver=
größert wäre, als die Verminderung der innern
Verzehrung betrüge: woraus dem Staate der Nuzen
käme, daß er die kreislaufende Masse vergrößert hätte.

Allein, in Staatsachen mus man gegen die —
Schlüße, die sich beym ersten Anblik der Gegen=
stände anbieten, mistrauisch seyn. Die Verzehrer
sind großentheils Grundeigenthümer. Ihr unlusti=
ges und unthätiges Leben ist in stetem Bedürfnis,
durch das Vergnügen an abwechselnden Ergezungen
geküzelt zu werden. Sie sind in unaufhörlichem
Bedürfnis von Gelde, sie müßen deswegen mittel=
bar zu dem jährlichen Ertrag der Landgüter mit=
wirken; müßen die Wege vervolkomnen und aussin=
nen, den jährlichen Ertrag der Güter zu vergrö=
ßern; müßen dem Bauer zu einem steten Sporne
dienen, bey deßen Ermanglung der Akerbau un=
gemein schläfrig seyn würde. Die Sorglosigkeit,
die Verschwendung des Grundherrn, sind sie gleich
in etlichen besondern Fällen schädlich, insgemein
sind sie doch dem jährlichen Ertrag von Hülfe.

1) Siehe Abschnit I. II. IV, §. II, V, §. I.

§. 3.

§. 3. Besondre Brauchbarkeit der blosen Verzehrer.

Es wäre ein Gedanke von platonischer Volkom=
menheit, zu begehren, daß in dem Lande keine blo=
sen Verzehrer seyn solten. Die rechtmäßig erworb=
nen Reichthümer müßen dem Eigenthümer frey ge=
hören: sol dieses seyn, so ist es auch nothwendig
daß es Leute gibt, denen man es nicht verbieten
kan nichts zu thun. Diese Klasse, die nicht braucht
auf die Nothdurft und die Bequemlichkeiten zu den=
ken, die sie schon hat, die wird die Pflanzschule
seyn, woraus man die Jünglinge krigen wird, die
besser erzogen sind, Obrigkeiten, Gelehrte, Kriegs=
bediente abzugeben. Jünglinge, welchen die Mit=
tel gebildet zu werden, nicht gemangelt haben, und
welchen, es nicht Noth thut, für den öffentlichen
Dienst denselben Preis zu bezahlen, den man müste,
wo einer Nichts, um auszukommen, als die blose
Besoldung hat.

§. 4. Betler, und dergleichen Leute: Diese blosen Verzehrer sind schädlich.

Lästig für den Staat sind die Verzehrer, wel=
che nichts haben, und davon leben, daß sie den Un=
terhalt entweder durch Ungestüm, oder durch an=
dre Griffe, erhaschen. Sie sind eine wahre Bey=
last

laſt von Schazung für die arbeitſamen andern
Bürger, und bringen keine andre Wirkung hervor,
als gerade dieſe, daß ſie die jährliche Ausfuhr mindern. Immer wird der Geſezgeber trachten, ihre
Anzahl zu verkleinern. In eine verdrüſliche Her-
zehlung jener Klaſſen von Leuten, die ſich in dieſem
Falle befinden, wil ich mich nicht einlaſſen. Zufrieden, die Geſtalten der Gegenſtände die ich ab-
handle, überhaupt anzuzeigen, wil ich andern die
Sorge laſſen, ſie den wirklichen Fällen ſelbſt anzu-
paſſen. Es ſey genug, zu erinnern, was ein erleuchteter Schriftſteller gründlich anmerkte : nemlich „Nicht alle politiſche Fehler ſind moraliſche
Fehler; noch alle moraliſche Fehler ſind politiſche Fehler.„

§. 5. Die Ausgleichung gedachter drey Klaſſen überlaſſe man der Natur.

Die drey vorhin gemeldeten Klaſſen würden
in dem Lande ihr Verhältnis ſelbſt finden, wenn
die Geſeze, und die eingeführten Meynungen nicht
die Natur der Sachen hinderten ihren freyen Gang
zu gehen. Denn, nothwendig müßen ſich die Vermitler an die Zahl der Verkäufe, d. i. an die Gröſſe
der Erzielung, und der Verzehrung, binden. Die
Erzieler würden natürlich ſo lange zunehmen, bis
ſie endlich mit der Verzehrung ins Gleichgewicht
kämen.

kåmen. Und fo würde alles durch den algemeinen
Ausfchlag der Bedürfniffe mit Sicherheit wagerecht
werden. Begrenzt man aber dagegen die Zahl der
Mittelhånde, durch Einfchließung in eine Zunft,
und abgefonderten Körper, wovon oben die Rede
war 1); oder wåchft eine Gattung von Verzehrern
die nichts haben, an: fo wird diefe wohlthåtige
Wagerichtigkeit und Ineinanderpaffung geftöhrt;
und ein verftåndiger Minifter wird durch Seitenmit=
tel immer fuchen diefe Einrichtungen der Kunft zu
fchwåchen, und nach Möglichkeit die Sachen wie=
der in die Hånde der klugen und wohlthåtigen Na=
tur bringen.

1) S. 7. Abfchnit.

§. 6. Die Vermehrung jener Verzehrer, welche Grundeigenthümer find, ift nüzlich.

Die Klaffe jener Verzehrer, die Grundeigen=
thümer find, fol fich immer fo viel möglich vermeh=
ren: denn ein großer Umfang von Land, fo einem
einzigen Manne gehört, wird alzeit weniger ergiebig
feyn, als wenn es unter Mehrere vertheilt wåre:
weil ein Eigenthümer, der ein mittelmåßiges Stük
geltend zu machen hat, größern Fleis und Eifer
den Gutsertrag zu vermehren, anwenden wird, als
ein reicher Eigenthümer ungeheurer Güter; als wel=
cher,

K

cher, außer dem daß er weniger Antrieb hat, nicht einmal alles und jedes mit gleicher Aufmerksamkeit beaugen könte. — Dazu komt, daß, je mehr der Grundeigenthümer sind, in desto mehr Händen die Felderzeugnisse seyn werden; und dadurch die Anzahl der Verkäufer, zum Vortheil des öffentlichen Ueberflusses, zunehmen wird. Die Mittel, die ein verständiger Gesezgeber zu dem Ende gebrauchen wird, werden die nemlichen seyn, die ich bey Staaten anführte, welche unter dem Uebel einer alzuungleichen Vertheilung des Vermögens leiden.

S. 6. Abschnit.

§. 7. Der Akermann: der erste und natürliche Patriot.

In dem Maas wie der Akerleute mehr werden, wächst die Anzahl solcher Menschen, denen an der Erhaltung des Staates was ligt: denn die Eigenthümer der unbeweglichen Güter sind die wahren Landeskinder, und die dem Boden am meisten anhängenden Bürger, indem sie es beyde durch die Gewohnheit, die sie mit den andern gemein haben, und noch mehr um der Erhaltung ihrer Güter und ihres Standes willen sind; Güter, die der Verzehrer, und der Vermitler, auch bey Verwechslung der Heimath, leicht wieder antrift.

25. Abſchnit.

Von den Colonien; und den Eroberungen.

§. 1. Wenn möchten Colonien nützlich ſeyn?

Wenn es wahr iſt, daß die Stärke eines Staats, und daß die jährliche Erzielung nach der Bevölkerung gemeſſen werden, und gleichen Schrit mit ihr halten: was werden wir doch von den Colonien denken müßen, welche verſchikt werden, entfernte Länder zu bevölkern, um deren Eroberung zu verſichern?

Einer Nation, deren vornehmſte Macht auf dem Meer beſtehen muß, können ferne Colonien den Schaden in dem Bevölkerungsſtande, damit erſezen, daß ſie dienen eine beſtändige Seefahrt, ſelbſt mitten im Frieden, zu unterhalten; und dann durch den ökonomiſchen Handel, den das Mutterland durch die Erzeugniſſe ſeiner Colonien bekommen wird, kan die Emſigkeit, und der Kreislauf einen ſolchen Schwung erhalten, daß in kurzem der Verluſt des Volks durch eine gleiche Zahl wieder erſezet iſt.

K 2　　　§. 2.

§. 2. Wenn sind sie schädlich?

Allein, bey Nationen, deren natürliche Stärke in Landmacht bestehen muß, weil die Macht dessen der einen Einfal versuchen möchte, Landmacht seyn kan; bey Nationen, wo das Land noch nicht in dem Grad den es natürlicherweis erreichen kan, bevöl= kert ist: da verursachen, deucht mich, die Colonien ein Uebel durch die gleichanfängliche Entvölkerung; und ein zweytes beständiges Uebel durch den Zwang alzuviel Seemacht zu unterhalten.

Meines Bedünkens, solte ein Staat nie trach= ten sich in entlegnen Ländern furchtbar zu machen, solang er noch nicht auf dem Stük des Erdbals wo er ligt, eußerst furchtbar ist. Denn so viel man die Herrschaft außerhalb ausdehnt, so viel Macht entzieht man der innern Vertheidigung.

Nach zwey oder drey Geschlechten verlieren Co= lonien die Liebe zu ihrem alten Vaterland; und, wer= den sie nicht durch beständige Opfer der Bevölke= rung erneuert, so ist Gefahr da, daß sie in kalt= sinnige Verbündete von wenig Nuzen ausarten; und daß sie, der Abhängigkeit überdrüßig, oft Feinde ihrer alten Mitbürger werden.

§. 3. Eben dasselbe gilt von Eroberungen.

Entlegne Eroberungen bringen die nemlichen Uebel wie die Colonien. Und krigt man, selbst in den angrenzenden Eroberungen, nicht mehr Menschen

als

als Land: so werden die Uebel entstehn, daß man
die Einwohnerschaft mehr verdünnen, und die Men=
schen weiter vereinzeln mus: welches man schon
gesehen hat, wie sehr es den Kreislauf erschlaffe,
und die jährliche Erzielung dadurch vermindere.

Anmerk. Colonien und Eroberungen werden hie,
scheint es, nur von einer Seite, nemlich der
staatswirthschaftlichen, betrachtet: und nicht zu=
gleich von andern, z. B. des Rechts und der
Gerechtigkeit. Allein! was ungerecht ist, das
ist im Grunde schädlich, mithin auch dem
Staatswirthe ohne Bedenken verwerflich!

Gerecht ist eine Colonie, wenn sie blos eine
in fremdem Lande bewilligte Niederlage, oder
auch Volksanpflanzung ist: mithin auf einem
freywilligen Vertrage beruht, und nie davon
abweicht.

Nüzlich ist eine staatswirthschaftliche Colo=
nie . . . . . aber! wann ist denn die Fülle der
Bevölkerung so, daß sie überläuft? — Und
ist nicht vielmehr die Handreichung und der
wechselsweise Verkehr zwischen freyen und
volmächtigen Ländern, der von der Natur
verordnete Weg, zu Kunstmaterialien und an=
dern Bedürfnissen, die wir brauchen, zu ge=
langen? Und ist der Weg der Colonien, und
der Eroberung, insonderheit wie sie gewöhnlich
sind, der erste, der natürliche Weg; ja ist er

K 3   ein

ein Nothweg? Einmal der Natur aus der
Hand geloffen, und ihr zuwidergehandelt, mus
widernatürliche und unglükliche Folgen ha=
ben. — Mancher Regent klagt, daß seine
Staaten lauter Grenzen seyn: dies Uebel
spührt er vornehmlich im Kriege, wo er die
vielfache Beschüzung oft nicht zu ordnen und
zu bestreiten weis. Er wünscht daher seine
Länder mehr runden zu können. Dies ist ein
Grundsaz: wie verträgt sich aber die Erobe=
rungs =und Coloniensucht damit?

26. Abschnit.

Wie der Fleis belebt werde, wenn der Mensch dem Menschen näher gerükt wird.

§. 1. In einem eußerstschlecht bevölkerten Lande, solten die Einwohner physisch zusammen rüken.

Um Staaten, die überschüßlich gros., und von
Einwohnerschaft entblöst sind, zu beleben, sol=
te man sie können zusammenziehn, so daß zwischen
den

den Leuten blos der Raum von Land der sie zu er=
nehren fähig wäre , gelassen würde ; und dann,
zwischen ihnen und den Angrenzern eine Wüste ge=
lassen, solten sie mit andern Völkern durch die ein=
zigen Wege der Meere und der Flüße umgehn.

So käme unter die Nation Gährung und Thä=
tigkeit: die Vermehrung der jährlichen Erzielung,
und des Volks würde gefördert; die Ausfuhr ver=
größert, Zuwachs von algemeiner Waare , zur Be=
lohnung des Fleißes, gewonnen. Und, da immer
verhältnismäßig Kreislauf und jährliche Erzielung
sich fördern würden, so würde man die Nation sich
über die Ebne, die sie anfangs wüste gelassen hatte,
rükweise ausbreiten sehn, bis die Leute zulezt an die
Angrenzer reichten; und in einem Stande von Stär=
ke, von höchster Emsigkeit, und höchster Bildung
an sie reichten.

Anmerk. 1. Land, gar nicht angebaut; und Land,
    elend gebaut: sind nur der Stuffe , nicht dem
    Wesen nach, von einander unterschieden. Das
    leztere ist häufig der wirkliche Fal. Besser al=
    so thäte der mit Gütern überladne Akermann,
    wenn er von seinem Lande nur so viel baute,
    als er gut, und mit wirthschaftlichem Vortheil,
    bauen kan. Nach und nach würde er mehr
    bauen können ; vermöglicher werden: seinen
    Kindern Stüke, und zwar in ordentlichem Stan=
    de und Bau, geben, und ihnen auch etwas

K 4   Bau=

Bauvermögen mit dazu geben, können. So
wüchſe die Anzahl gutsmäßiger Güter, und
die Bevölkerung.

Solange noch nicht alles Land angebaut iſt,
und ſolange das angebaute noch großentheils
elend gebaut wird: iſt der Weg den vielen ver=
lags = und arbeitsloſen Händen, durch Behar=
beiten in und zu Fabriken, zu Arbeit und
etwas Brodt zu verhelfen, an dem Staate und
dem Fabrikanten · zu loben. Aber dieſer Weg
iſt nicht der einzige, auch gar nicht der natür=
lich = erſte. Die Policey iſt im Stande brave
Akerleute aus Manchen zu machen, die zum
Theil ſelbſt ſchon, wenigſtens im zweyten Ge=
ſchlechte, nüzliche Bauern würden: wenn ſie
ihnen zu Land und etwan auch zu dem erſten
kleinen Verlag verhülfe.

2. S. Fr. Caſ. Medicus Abhandlung: Wie kan
elender Akerbau einer Gemarkung, in ei=
nen beſſern verwandelt werden? Manheim
1784. Sie iſt auch eingerükt in die Bemer=
kungen der kurpfälz. phyſ. ökonom. Ge=
ſelſchaft, vom Jahre 1782. Manheim, 1784.
8. Seite 232. ꝛc.

§. 2.

§. 2. Wie kan in andern Ländern das Näherrüken der Einwohner befördert werden?

Man laſſe mich es wiederholen: Jemehr der Menſch verinſelt, und von andern Seinesgleichen fern iſt, deſto mehr nähert er ſich dem Zuſtande des Wilden a); dagegen nähert er ſich deſto mehr dem Stande der Emſigkeit, und der Bildung, je näher er einer größern Anzahl von Menſchen iſt. Und allen möglichen Fleis muß man anwenden, den Menſchen dem Menſchen, das Dorf dem Dorf, die Stadt der Stadt, nahe zu bringen.

Bey dieſer Gelegenheit trift es ſich, anzumer‐ ken, daß eine Regierung mehrerley Mittel dieſe An‐ näherung zu verurſachen, hat; und ſie dem Erfolge nach bewirken kan, ohne daß die Leute ihre Stelle ändern. Wo Abgaben auf die innere Verſendung gelegt ſind: hebt der Geſezgeber ſie auf, ſo wird er die Städte, zwiſchen welche die Abgabe fiel, wirk‐ lich näher gerükt haben; doch von dieſer Sache wer‐ den wir beſſer unten reden. — Wo die Straſſen für die Gutsfertigung beſchwerlich, oder gefährlich für die Sicherheit ſind : wenn eine gute Landespo‐ licey ſie herſtelt, ſie leicht, und ſicher macht, ſo hat ſie alle die Ländereyen, und Städte, die durch dieſe Straſſen unter ſich Verkehr haben, einander näher gebracht: denn die Koſten, und die Zeit der

K 5

Ver‐

Versendung von einem Ort nach einem Ort sind so viel größer, als die Entlegenheit größer, oder als der zu machende Weg schlimmer, schwerer und gefährlicher ist: und so umgekehrt. Das Waarenfördern von einem Orte nach dem andern zu veranlassen, dazu reicht ein so viel geringerer Unterschied des Preises zu, je geringer der Kosten und die Zeit der Fracht ist. Demnach müssen gut gemachte Strassen den innern Umlauf der Händel vervielfältigen; und, Kraft der schon angeführten Gründe, die jährliche Erzielung vergrößern.

a) S. 1. Abschnit. §. 1.

§. 3. Derjenige Luxus, wodurch Land verloren geht, ist der schädlichste.

Aber! bey dieser Gattung öffentlicher Werke mus man sich vor Lurus hüten, und sich auf das einzige Nüzliche einschrenken: denn Strassen, überflüssig breit, und mehr zum Pomp als zum Gebrauche gemacht, sind eben so viele Strichen von Unfruchtbarkeit einer Nation; und es ist zu bemerken, daß sicherlich der schädlichste Lurus unter allen dieser ist, welcher ein nüzliches Erzeugniß der Länderenen hindert. Und so die ungeheuern Luftgärten, die zum Pomp der Jagd einzig bestimten Wälder, die endlosen Luftgänge, und dergleichen Mißbräuche des Eigenthums: die sind eine Gattung von Lurus,

der

der keinen Ersaz zuläst; denn Luxus im Aufwande erwekt eine verhältnismäßige jährliche Erzielung, aber dieser unfruchtbare Luxus schneidet geradezu die jährliche Erzielung ab.

***

27. Abschnit.

Von dem Feldbau.

§. 1. Nicht selten sezt der Grundeigenthü-mer die Vermehrung des Grunder-trags in etwas anderem, als der Staat. Deswegen etliche Regeln.

1. Jeder Raum Landes ist das Material des Akerbaus, der den Völkern den wahresten Reichthum, und welcher mehr als jeder andrer von dem Wechsel der Meynungen unabhängig ist, her-vorbringt.

Jede Gattung von Landbau ist dem Staate nüzlich, weil sie die jährliche Erzielung vergrößert: aber, „Jene Gattung von Akerbau, die den Nationalertrag mehr vergrößert, wird den Vor-zug verdienen." Es scheint, des Grundeigenthü-mers Vortheil sey, aus seinem Grunde den größten
jähr-

jährlichen Ertrag zu ziehen: daher glaubt die Lan=
despolicey, Sie habe nicht darauf zu achten, und
verläst sich auf die Wachsamkeit des Nuzens des Ei=
genthümers. Bey dem allen kan es sich geben, daß
der Nuzen des Staats manchmal nicht mit dem
Nuzen des Eigenthümers zusammentrift. Diese
Wahrheit begreift man, wenn man bedenkt, daß
des Eigenthümers Vortheil ist, nicht eben den al=
gemeinen jährlichen Ertrag seiner Grundstüke
im Ganzen, zu vergrößern, sondern jenen Theil
von Einkommen, so er daraus zieht. Dies ge=
sezt, wird man leicht sehen, daß sich des Eigenthü=
mers Einkommen durch zween Wege vergrößern
läst: entweder durch Vermehrung der jährlichen
Erzielung, oder durch Verminderung der Bau=
kosten. Der Vortheil des Eigenthümers trift mit
des Gesezgebers seinem zusammen, so lang er das
erste Mittel wehlt sein Einkommen zu vergrößern;
wird aber das zweyte gewehlt, so kan der Vortheil
des Staats und des Eigenthümers seiner gegen ein=
ander laufen. Man nehme, daß eine Gattung von
Anbau zehen Bauern erfordere, die von dem Bauen
eines Feldes leben. Der Eigenthümer könte mehr
gewinnen, wenn er dafür einen andern Anbau wehl=
te, der zwey einzige Menschen gebrauchte : denn
die Ersparung von acht Menschen weniger zu unter=
halten, könte eine größere Summe seyn, als der
Unterschied zwischen dem Totalertrag der ersten
                                                    An=

Anbaugattung und dem von der zweyten be=
trägt.

Der Akerbau ist also ein Gegenstand, der auch
in seinen unterschiedlichen Gattungen ein Augenmerk
der Männer seyn mus, die über die öffentliche Wohl=
fahrt zu wachen bestimt sind. Erste algemeine Re=
gel wird folglich seyn: „Diejenige Gattung von
Akerbau vorzuziehen, durch welche die jährliche
Erzielung mehr vergrößert; und eine größere
Anzahl Aerme beschäftiget wird. „

II. Einige Gattungen von Akerbau können auf
dem Lande wo man sie treibt, den jährlichen Ertrag
vergrößern: und in weit größerem Verhältnis den
jährlichen Ertrag der andern Güter vermindern. So
ist der Anbau, der vermittelst der Wässerung ge=
schieht: welche, über einen namhaften Theil des
Landes ausgebreitet, durch beständige Dünste und
Dämpfe häufige Nebel, häufigen Hagel zur Ver=
heerung der andern Landgüter verursacht; und eine
ungesunde Luft zur Verminderung der Einwohner
macht. Zweyte algemeine Regel: „Immer wird
diejenige Gattung von Anbau nachzusezen seyn,
durch welche die Beschaffenheit des Clima ver=
schlimmert wird. „

III. Es kan eine Erzielungsgattung geben,
wodurch der jährliche Ertrag ohne einigen Verlust
vergrößert wird: durch die aber, weil sie eine An=
strengung des Bodens ist, dieser nach einigen Jah=
ren

ren unfruchtbar, oder alzu schwer ergiebig , wird.
In diesem Falle laufen wieder der Nuzen der Na=
tion und des Eigenthümers seiner gegen einander.
Daher wird die dritte algemeine Regel seyn: „Die=
jenige Gattung von Akerbau vorzuziehen, durch
welche dem Erdreich seine Wirksamkeit erhal=
ten wird. „

IV. Jedermann siehet leicht, von welcher Vor=
züglichkeit für den Staat es sey, aus den Landgü=
tern vor allen Dingen die unmittelbaren Bedürfnisse
zu ziehen; und wie sehr die Bedürfnisse der Noth=
durft denen zum Vergnügen vorzuziehen seyn.   Leg=
te eine Völkerschaft in Amerika all ihr Land zum
Zukerbau an , weil sie daraus im Gesamtbetrage
mehr zieht, als wenn sie Frucht baute: so sage ich,
daß dieses Volk ein von den auswärtigen Nationen
alzeit abhängiges, und erbetteltes Leben sich ver=
dienen würde; und sich vor allen Dingen aus seinem
eignen Boden die physische Nothdurft unmittelbar
verschaffen solte.   Deswegen die vierte algemeine
Regel: „ Diejenige Gattung von Anbau, wo=
durch die physischen Bedürfnisse versorgt werden,
vorzuziehen; so weit wenigstens, daß diese reich=
lich gesichert seyn. „

§. 2. Beytrag zu noch etlichen Regeln.

I. Man kan noch mehr Anmerkungen über den
Akerbau machen, Stof zu noch weiteren Verordnun=
gen.

gen. Ich glaube, daß es für den Staat nützlicher
sey, wenn der Pachter dem Herrn des Guts den
Gutsherrntheil vielmehr in Naturalien als in Gelde
bezahlt : denn der Pachter, um die abzutragende
Summe zusammen zu bringen, mus eilen seine Er=
zeugnisse zu verkaufen; wie es nun bey jeder Nation
gesezmäßige Zieler zu Bezahlung der Pacht gibt, so
häufen sich die Verkäufer alle auf Eine Zeit, und es
entstehen leicht Zusammenkäufer, und dann ist das
Monopol möglich. — Außer diesem, ruht mitler=
zeit ein merklicher Theil Geldes, weil der Pachter
nach und nach die schuldige Summe zusammenbringt:
und so wird ein Theil von der algemeinen Waare
dem Kreislauf entzogen.

Wird aber der Grundherr mit so viel Sak Ge=
treide, Faß Wein ꝛc. bezahlt, so werden diese Nach=
theile nicht seyn.

II. Auch überlege man, daß der Ueberschus der
jährlichen Erzielung über den Landesverbrauch, im=
mer viel leichter wird den Ausländern zugeführt wer=
den, je weniger großkörpericht, und weniger unhalt=
bar das Erzeugnis ist. Woraus man sieht, was
noch vor andre Akerregeln können beygefügt werden.

§. 3.

§. 3. Solche Verordnungen müßen nicht durch Zwang und Furcht, sondern durch Anreizung und freyen Wil= len wirken.

Wenn ich aber sage, daß diese Gegenstände der Aufmerksamkeit des Gesezgebers würdig seyn, und daß eine Gattung verdiene mehr befördert, und eine andre mehr beschrenkt zu werden: so wil ich darum nicht sagen, daß ich es jemals für gut halte, die Eigenthümer durch strafe oder Strafgeseze an= zuhalten, daß sie einen Anbau vielmehr als einen andern aufgeben, oder wehlen müßen. Niemals können solche Zwanggeseze eine gute Wirkung haben. Denn, weil sie das Eigenthumsrecht in alzuenge Grenzen zwingen, so dienen sie nur die Leute schüch= tern, den Fleis verzagt, das Suchen der Landgüter selten, zu machen, und in alle Theile Kälte zu brin= gen: anstat daß man die Lebenskraft sol grünen, und sich die Thätigkeit entwikeln lassen.

Dies wird sich dauerhaft und durch sanfte Mit= tel ergeben, wenn der Gesezgeber mittelbar eine Gattung von Anbau mehr als die andre einlädt. Und dieses kan er durch die Vertheilung der Auflage thun, wenn er damit jenen Anbau der dem Staa= te nüzlicher ist, weniger beschwert, entweder in der Grundabgabe selbst, oder in den Zöllen bey der Versendung der Felderzeugnisse.

„ Denn

„ Denn der entgegenstrebende Wille des
Menschen wil eingeladen seyn ohne Erschütterung, und geleitet ohne Gewalt: wofern ein
dauerhaftes, und nicht durch ein grösseres Uebel
wieder zu büßendes, Gut sol erlanget werden. „ — „ Bey den aufgeklärten Völkern,
gehen die Menschen geradezu, und durch Umwege die Geseze; je geringer hingegen die Aufklärung eines Volkes ist, desto straker gehen die
Geseze, und seitwegs die Menschen. „

Anmerk. Möchte mancher, der durch unrichtiges
  Denken und Sprechen über Freyheit, sich und
  andern den oft reichen Genuß von bürgerlicher
  und andrer Freyheit ohne Noth verbittert, so
  behutsam hierin seyn, wie der Graf Vert.

  Der Bürger weis, daß er als Glied eines
  Volks sich in die andern schiken muß, wie sie
  in ihn. Nur in seinen rechtmäßigen Handlungen verlangt er daher ungehindert zu seyn.
  Rechtmäßiger: mithin begehrt er nicht Unabhängigkeit; sondern Leitung, da wo es Noth
  thut. Demnach ist das bürgerliche Freyheit,
  wenn der Bürger da, wo es nöthig ist, Geseze bekomt; da wo es wirklich unnöthig ist,
  sich selbst überlassen wird; und sodenn bey Ausübung der gesezlich vorgeschriebnen, und der
  ihm selbst überlassenen, Handlungen obrigkeit-
  lich geschüzet wird. Und so ist die Freyheit,

                       oder

oder in der Sprache der Geseze besser, Volmäch=
tigkeit, der glükliche Zustand, wo einer nur gut
handeln kan, d. i. nicht kan Gutes zu thun ge=
hindert, nicht kan Böses zu thun genöthigt,
werden. Und so ist Sicherheit der Handlun=
gen, und Freyheit der Handlungen, einerley.

Hienge der Mensch in seinem Thun und Las=
sen von gar keinem Wesen ab, so wäre dies
Ungebundenheit, blinde Unabhängigkeit. Hängt
er von einer weisen gutthätigen Gewalt ab:
dies ist Freyheit. Ist diese Gewalt Gott selbst,
oder die Natur, so ist es natürliche Freyheit;
die Vernunft, so ist es vernunftmäßige Frey=
heit; irgend eine menschliche rechtmäßige be=
fugte Gewalt, so ist es Bürgerfreyheit, Kin=
desfreyheit, Dienstbotenfreyheit, ꝛc.

Des Handlungsvermögens, der Spontanei=
tät, der Selbstkraft Leitung von irgend einer
befugten Gewalt, ist also nicht Unfreyheit.
Vielmehr darin besteht Freyheit. Blose Selbst=
mächtigkeit zu handeln, macht sie noch nicht
aus. Komt nicht leitende Gewalt dazu, so sol
die Macht nicht einmal angewandt werden,
sondern ruhen. Uebt sie sich ohne Leitung aus,
so wirkt sie aufs Ungefehr, und ihr Gang und
der Erfolg sind zweyfelhaft. Unabhängigkeit
also der Selbstkraft von leitender Gewalt, ist
in der Geselschaft ein unsicheres ungewisses Wir=
ken,

ken, ein stetes Gegeneinanderstossen unzehlicher Handlungen, ein stündliches wechselsweises Zerstören.

Vielleicht ist die höhere Stuffe und mehr ausgebreitete Algemeinheit von Aufklärung nahe, wo diese Anmerkung ganz überflüßig seyn wird!

§. 4. Prämien scheinen nicht viel zu dienen.

Preise können Mittel seyn, die zuzeiten den Fleis auch bey dem Landbau fördern, und man erzehlt davon Beyspiele von ein und andrer Nation. Gemeiniglich aber schaffen sie wenig wesentlichen Nuzen.

Erstlich ist Gefahr, daß sie mehr aus Gunst, als nach aufmerksamer Prüfung ausgetheilt werden: und kein Ding ist, wodurch das Verdienst mehr erniedrigt würde, wie durch eine wilkürliche Austheilung der Preise.

Zweytens, wenn der Betrag derselben in physischem Reichthum besteht, so werden sie eine gewisse algemeine Auflage, für einen ungewissen besondern Nuzen seyn. — Ist der Werth kein physischer Reichthum, so wird die Austheilung Spielwerk werden; und bey einer lebhaften Nation wird man sie nicht mit jener Ernsthaftigkeit beobachten, welche die Nacheiferung zu erweken taugt.

Ende

Endlich, jeder Anbau, der nicht das innerliche Prämium des Gewins im Verkaufe findet, wird immer eine übernächtige Erzielung, und von sehr wenig Nuzen, seyn.

Ich sage nicht, daß nicht in etwan einem Falle der ausgesezte Preis von Nuzen seyn könne: Nur sage ich, daß diese der wahre Luxus der Gesezgebung seyn, an den es nicht erlaubt ist zu gedenken, solange sie nicht in allen ihren Theilen volkommen ausgebildet, und der Gesellschaft für die sie gehört, angemessen ist.

§. 5. Algemeine wichtige Regel für den Gesezgeber oder Staatswirth.

Man hat gesagt, daß also der Gesezgeber suchen werde, einen Anbau mehr als den andern zu befördern; um es nun in Eine Hauptregel zu fassen, welcher Anbau vorgezogen werden solle, sage ich: „Derjenige, welcher am dauerhaftesten den Werth der jährlichen Erzielung vergrößert.„ Nie wird ein Staatsminister um sonst was besorgt seyn, und sich nicht darum bekümmern, ob der Anbau mannigfaltig sey, oder nicht; ob viel Kunstzeug erzielt werde; ob in dem Lande wachse, so viel die Bequemlichkeiten des Lebens brauchen: denn dieses wird von selbst wagerecht, jede gesuchte Sache hat Preis, und desto größern, je größer die Anzahl der

Nach=

Nachfragen iſt; und ſobald der Grundeigenthümer eine gewiſſe Gattung nicht baut, iſts ein Zeichen, daß er ſonſtwie aus dem Grunde einen größern Werth zieht, durch den man ſich den Kunſtzeug den man ſucht, vom Auslande verſchaffen kan.

Der Gedanke, einen Inbegrif der Welt inner= halb der Landesgrenzen zu bilden, hat niemals Glük noch Stern. Den jährlichen Ertrag vermehren, ihn ſo weit man kan, durch Entwiklung, durch Bele= bung der menſchlichen Thätigkeit, treiben: Dieſes iſt das einzige Ziel, nach welchem die Staatswirth= ſchaft ſtrebt.

Anmerk. Findet ſich aber etwan in einem Lande, in vielen und Hauptſachen das Gegentheil von echter Staatswirthſchaft: wie macht man es, um rechte Ordnung in dieſes Land zu bringen?

28. Abſchnit.

Fehler, die man bey Berechnung der Fortſchritte des Feldbaus begehen kan.

§. 1. Der Landbau iſt in Europa noch weit zurük.

Ich ſage, ihn ſo weit treiben als man kan; nicht
ſage ich, ihn auf den Gipfel bringen, denn der
jährliche Ertrag, practiſch zu reden, erreicht ihn nie.
Die Bewegung des Fleißes iſt wie jede andre Bewegung: Wie ſtark ſie iſt, immer kan ſie neuen
Stos empfangen, und den Grad vermehren. Genau zu reden, weis ich daß es hier endliche Kräfte
betrift: allein, ihre Grenze iſt von dem wirklichen
Stande jedes Volks in Europa ſo weit entfernt,
daß man ſie wie unendlich entfernt betrachten kan.
Man ſehe den einzigen Akerbau an, von welchem
die Rede iſt. So lang als es in einem Staate noch
ungebaute Stüke Erdreichs, als es gemeine Gründe, als es Wieſen und Weiden geben wird, die eines Anbaus fähig ſind, der einen größern Ertrag
gäbe, um eine größre Anzahl Menſchen zu ernehren:
Da mus man ſagen, daß noch Vieles für das
Fortrüken des Akerbaus zu thun übrig ſey. Es gibt

kein

kein Erdreich, das nicht durch des Menschen Fleis
ergiebig werde; und je eine größere Anzahl Vieh
ein Staat ernehrt, eine desto kleinere Anzahl Men=
schen kan derselbe ernehren.

§. 2. Ob, und wie niedrige Geldzinse ei= nen guten Akerbau beweise.

Es kan zuzeiten geschehen, daß von den Staats=
banken die Geldzinse, mit Anbietung des Kapitals
dem wer es wil, herabgesezet wird, und Wenige sich
melden das Kapital zurükzuhaben: ohne daß dieses
beweise, daß der Akerbau in demselben Staate auf
dem Gipfel sey. Um die Erklärung einer solchen
Erscheinung zu verstehn, darf man nur erwägen,
daß die Vortheile die man vom Akerbau haben kön=
te, die gröste Freyheit mit den Felderzeugnissen zu
handeln, voraußsezen; daß es eine nicht gemeine
Betriebsamkeit braucht, um zu unternehmen, den
Ertrag der Grundgüter zu vergrößern; daß die
menschliche Trägheit macht, daß man einen kleinen
aber gemächlichen Vortheil, einem größern, welcher
Unruhe und Geschäftigkeit erheischt, vorzieht; daß,
wo die Thätigkeit nicht algemein in Gährung ist,
wenig Menschen sich getrauen sich über den gemei=
nen Wagestand zu schwingen. Gibt es daher keine
bequeme, und sichere Unterbringung der Kapitalien
auf höhere Zinsen: so wird der größere Theil der

L 4   öffent=

öffentlichen Gläubiger mit der Herabsezung zufrie=
den seyn, und seine Kapitalien in den Banken las=
sen. Aus dieser Begebenheit zu Gunsten des Aker=
baus zu schließen, dazu hat man keinen bessern
Grund, als man haben würde, daraus zu Gun=
sten der Manufacturen zu schließen.

Erniedrigte Geldzinse befördert den National=
fleis, gedachtermaßen: ein Beweis aber ist sie nicht,
daß der Fleis bereits in voller Thätigkeit sey. —
Auch sagte ich, daß man nach den Geldzinsen den
Wohlstand der Völker gegen einander berechnen kön=
ne: allein, dieses versteht sich von gleichförmig er=
niedrigten Zinsen, bey den Geldern welche angelegt
werden; und dann, unsre Zinse mit der in andern
Staaten laufenden Zinse verglichen, da werden wir
das Maas haben, zu berechnen, welcher von den
zweyen sich eines größern Wohlstandes erfreue.

29. Abs

29. Abſchnit.

Urſprung der Abgaben.

§. 1. Ein Volk kan nicht beſtehn ohne Sicherheit in = und außerhalb ſeiner Grenzen.

Ich ſagte, daß man diejenige Gattung des Aker=baus, wodurch der Geſamtbetrag der jährlichen Erzielung am meiſten vergrößert werde, durch die ſchiklich aufgelegte Abgabe befördern könne: und die=ſes, wenn man entweder jene Güter, welche auf die dem Staate minder nüzliche Art gebaut wer=den, deſto mehr in der Schazung beſchwert, oder die Ausfuhr der Erzeugniſſe von dieſen beſchwert, und dadurch deren Bau verleidet, ohne das Eigen=thum der Güter, und die bürgerliche Freyheit vor die Stirne zu ſtoßen a). Jezo ſchikt es ſich, ein und anders von den Abgaben zu ſagen. Ueber die=ſen Gegenſtand kamen trefliche Abhandlungen in die=ſen lezteren Jahren ans Licht: gleichwohl glaube ich, daß ein und anders zu thun übrig ſey, auch für den der noch heute davon ſchreibt.

Um ſich einen Begrif von der Nothwendigkeit und Rechtmäßigkeit der Auflagen zu machen, be=denke man, daß eine Geſelſchaft von Menſchen nicht beſtehn könte, ſobald Gewaltthätigkeit und Be=

L 5   trug,

trug, so ein Bürger dem andern anthun kan, un=
gestraft wäre; oder sobald ein eroberndes Volk käme
sie zu verheeren.   Daraus entspringt die Nothwen=
digkeit, daß ein Theil der Bürger beschäftiget seyn
mus, die ganze Nation, und jedes einzelne Glied
derselben vor jeder, sowohl in= als ausländischen,
Besizvertreibung und Gewaltthätigkeit zu schüzen.

Eine Gemeinde von Menschen, die gar keine
Form von Regierung hätte: bey der ersten Gefahr
eines Einfals, müste diese entweder ihren angebor=
nen Boden dahindenlassen und sich zerstreuen, oder
aber unter einander herzulaufen, um den Feind ab=
zutreiben.   Mitlerzeit würde die Feldarbeit liegen,
und von dem Hunger gezwungen müsten sie sich un=
ter die Nothwendigkeit beugen, und sich unterwer=
fen.   Eben so in Sturm und stetiger Verwirrung
würde man auch den einheimischen Angreifer zu=
rükstoßen; die Stärke allein würde alles entscheiden,
alles würde in Zwiespalt und Lermen seyn.

a) S. 27. Abschnit. §. 3.

§. 2. Die Sicherheit erfordert eigne An=
stalten; und diese erheischen Ab=
gaben.

Daraus erwächst die Nothwendigkeit eine An=
zahl Menschen zu haben, einzig bestimt die Sicher=
heit des Eigenthums einem jeden Gliede des Staats

zu

zu behaupten: Menſchen von Beruf, dazu beſtelt, daß ſie theils ſollen mit Gewalt die Anfälle der Gewalt zurüktreiben; und theils ruhig die Rechte eines jeden bewähren, und deren Vertheidigung verfügen; die öffentliche Wohlfahrt auf allen ihren Seiten bewachen, und ſie befördern. Siehe da den Urſprung der Regenten, des Soldatenſtandes, der Obrigkeiten, und der Selſorger.

Dieſe abgeſonderte Klaſſe von Menſchen, weder Erzieler noch Vermitler, einzig mit der gemeinen Sicherheit und Wohlfahrt beſchäftigt, eine Klaſſe, die ich regierende nenne: nach aller Gerechtigkeit mus dieſe eben von derjenigen Geſelſchaft ſelbſt unterhalten werden, der ſie alles Wohl verſchaft, und erhält.

Aus der Nothwendigkeit dieſe Klaſſe Menſchen zu haben, ergibt ſich die Rechtmäßigkeit der Abgaben. Und der dem Dienſt eines jeden dieſer Menſchen angemeſſene Unterhalt, bis an diejenige Grenze an welche das gemeine Wohl reicht, macht die Totalſumme der Abgaben aus. Die Abgabe iſt demnach ein Theil von dem Eigenthum, den jeder in die öffentliche Kaſſe legt, auf daß er das Eigenthum das ihm zurükbleibt, in Sicherheit behalten möge.

§. 3.

§. 3. Vermuthlich wäre die Entziehung von der Abgabepflicht nie eingerissen, wenn die Abgaben gerecht geblieben, und zwekmäßig wären angewendet worden.

Jedermann ligt also daran, daß die Abgaben entrichtet; und daß sie zu dem Wohl, das sie hat entstehen heißen, verwendet werden. Woher kumt es also, daß, da jedes andre mit dem Nuzen des größern Theils der Menschen wahrhaft zusammentreffende Gesez leichtlich beobachtet, und der Uebertreter durch die algemeine Misbilligung gestraft wird: die Abgabengeseze hingegen, obschon für den größern Theil gleichwichtig, bey der Nation ein unaufhörliches Streben sich dagegen zu sezen, antreffen; und den Betrüger niemals die algemeine Misbilligung trift? Dieses geschieht vielleicht, weil des Menschen Verstand wie das Auge beschaffen ist, dem ein kleiner, aber sehr naher Gegenstand ungeheuerste entfernte Gegenstände verdekt, und eben so das unmittelbare Uebel sich eines Theils vom eignen Vermögen zu berauben, ungleich mehr empfunden wird, als das ferne Gut, dadurch vor einer wohlmöglichen Gewaltthätigkeit gesichert zu werden. — Zweytens ist der Gedanke von dem Privateigenthum in des Menschen Gemüthe bey weitem mehr gewurzelt,

zelt, als der Ueberhauptbegrif von dem politischen Gliedwerk eines Staats; und gleichwie die Abga= be eine Verminderung des Eigenthums, und zugleich ein Verhältnis zwischen dem Menschen und dem Staate ist: so fühlt jeder Einzelne mehr den Theil der entgangen ist, als das Band der Verhältnisse die ihn aufwägen.

Dies ungeachtet, glaube ich, daß, wenn zu allen Zeiten die Abgabe wäre immer ein klug an= gewandtes Kapital gewesen, die allgemeine Mey= nung dieselbe wie eine heilige Schuld betrachten würde; und vielleicht hätte die Gewohnheit den Ge= müthern eben so große Scham sich ihr zu entziehen, eingepflanzt, als jeder freywillig in eine Privatge= selschaft getretner Mensch fühlt, wenn er sein Theil nicht zahlen kan, nachdem er sein Theil am Guten genossen hat. — Wenn die Sitten einem der die Spielschulden nicht bezahlt, einen Fleken, und eine Schande anhängen: warum thut man nicht ein glei= ches dem an, der dem Kaufmanne, oder der Staats= kasse seine Schuld nicht bezahlt? Solte es wohl aus der Ursache seyn, weil für die lezten das Geseze sorgt, und für die ersten nicht?

Vielleicht läßt sich die Bemerkung machen, daß der in andern Zeiten mit der gesezgebenden Gewalt gemachte Misbrauch, und der weit größere sich ver= vielfältigte Misbrauch alles Gesez durch die Erklä= rung ungewis und zweyfelhaft zu machen, dem Her=

zen

zen der Menschen eine dem Geseze wenig günstige
Vorstellung eingedrükt haben, und daher die Mey=
nung des Publicums so weit es möglich ist denjeni=
gen losspricht, welchen das Gesez verdamt. Bey
den Völkern die eine glükliche Gesezgebung haben,
findet man mehr Zusammentreffen zwischen den Ge=
sezen und den Sitten; die Verurtheilungen sind
gleichförmig beyde bey dem Richterstuhl, und bey
der Meynung des Publicums.

Vielleicht ist der Abstand zwischen diesen zweyen
Urquellen, das wahre Maas von der Verderbnis
eines Volks. Aber diese Begriffe, hienge ich ihnen
nach, würden mich alzuweit von der Hauptsache
fortführen.

§. 4. Die Auflagen werden hie staatswirth= schaftlich erwogen.

Nicht weniger wäre es von meinem Gegenstan=
de was verschiedenes, wenn ich die Abgabe als ei=
nen gesez= und rechtmäßigen, in die Staatskasse nie=
dergelegten Theil betrachten wolte. Es sind andre,
die diesen Theil beleuchtet haben. Die Absicht die=
ses Werks mahnt mich, die Auflagen einzig als ei=
nen Gegenstand zu betrachten, welcher Beziehung
und Einflus auf den Kreislauf, die jährliche Erzie=
lung, den Gewerbsfleis, und die Wohlfahrt des
Staates hat.

30. Ab=

30. Abſchnit.

Grundſäze die Auflagen einzurichten.

§. 1. Zu hohe, und ungleich vertheilte Abgaben ſind verderblich.

In zweyerley Fällen wird eine Nation gäz Schuld der Auflagen abnehmen. — Erſter Fal: wenn die Größe der Auflagen die Kräfte der Nation überſteigt , und nicht dem Nationalvermögen gemäs iſt. — Zweyter Fal: wenn eine Größe von Auflagen, welche im Ganzen zu den Kräften Verhältnis hat, fehlerhaft vertheilt wird.

Im erſten Falle iſt das Hülfsmittel ein einziges, und einfaches: nemlich, die Laſt den Kräften der Nation gemäs zu machen. — Der zweyte Fal iſt mannigfaltig und verwikelt genug. Laſt uns ſuchen die Begriffe zu ordnen, nnd alle die beſonderen Fälle in Klaſſen zu bringen.

§. 2. Fälle einer fehlerhaften Vertheilung.

Fehlerhaft iſt die Auflage vertheilt, wenn ſie unmittelbar auf eine Klaſſe der ſchwächſten Bürger des Staats fält! — oder, wenn es bey der Behebung einen Misbrauch gibt; — oder, wenn ſie den Kreislauf, die Ausfuhr, die Entwiklung der Emſigkeit

figkeit hindert, kurz, wenn sie jene Handlungen er-
schwert, woburch die jährliche Erzielung zunimt.

A. Algemeiner Probierstein für die Aufla-
gen: „ Jede Abgabe mus können her-
eingebracht werden. „

§. 3. Jede Abgabe strebt, sich hereinzu-
bringen.

Alle Abgabe strebt natürlich , sich gleichförmig
unter alle und jede Einwohner eines Staats , nach
Verhältnis der Verzehrung eines jeden, zu vertheilen.

Ligt die Auflage auf den Grundgütern , so
wird der Gutseigenthümer trachten, die Felderzeugnisse um so viel theurer zu verkaufen; und dadurch
sich an jedem Verzehrer zu erholen. — Ligt die
Auflage auf den Waaren , und Handwerken, so
werden die Kaufleute und Handwerker suchen, solche,
durch das Verkaufen ihrer Waaren um höhern Preis,
hereinzubringen; und also unter die Verzehrer derselben die Abgaben verhältnismäßig zu vertheilen. —
Wird die Schazung unmittelbar auf das geringe
Volk gelegt, das nichts Eignes hat, und das, durch
einzige Vermiethung seiner selbst, von dem täglichen
Handlohne lebt: so wird das geringe Volk nothwendig größern Taglohn fordern. Und solchemnach hat
die Abgabe alzeit eine ausdehnende Kraft , womit
                                                    sie

sie strebt sich in dem möglich gröſten Kreiſe aus-
zugleichen.

Einzig von dieſer Seite angeſehen, würde es
gleichgiltig ſcheinen, ob ſie mehr auf eine Klaſſe von
Menſchen als auf eine andre fiele.

§. 4. Wie macht ſich dieſe Erhöhung des Preiſes?

Wie wird denn aber der Preis jener Waaren
oder Grunderzeugniſſe, die in den Händen der erſten, welche die Auflage vorſchießen, ſind, ſich erhöhen können: wofern nicht die Anzahl der Verkäufer ab; oder die Anzahl der Käufer zunimt?

Ich antworte, daß eben die Anzahl der Verkäufer abnehmen wird. Denn, da eine neue Angelegenheit unmittelbar auf eine Klaſſe von Bürgern
fält, und dieſen dadurch auf einmal ein neues Bedürfnis mehr algemeine Waare zu bekommen, zu-
wächſt: ſo werden vor der Hand die Vermöglicheren
das Feilſchlagen ſeyn laſſen, und höhere Preiſe ab-
warten; und denen Verkäufern, welche fortmachen,
wird es, durch ihre verminderte Anzahl, juſt ge-
lingen den Preis zu erhöhen. — Und dieſer Preis
bey der erſten Einführung dieſer Auflage einmal gemacht, wird, ſo lange die Abgabe dauert, und alles übrige gleich bleibt, fortfahren auf dieſe Art
ſich zu vertheilen.

M   §. 5.

§. 5. Erleuterung des Hereinbringens der Abgabe.

Ich sagte, daß die Abgabe sich natürlich auf eines jeden Aufwand vertheile, und sich ausebne. Diesen Begrif deutlicher zu machen, laßt uns einen bey uns wohnenden Ausländer gedenken, welcher dreytausend Thaler Einkünfte aus den Gütern zieht, die er in seinem Vaterlande hat. Man seze, daß er alle Jahr das ganze Einkommen für seinen Unterhalt ausgebe. So muß er in dem Aufwande, den er sowohl unmittelbar für seine Person als auch mittelbar durch die Personen seiner Leute macht, die Auflage unsers Lands bezahlen. Und, stiegen bey uns die Auflagen auf funfzig vom hundert des Hauptwerthes, so sage ich, daß der Ausländer tausend Thaler zu unsrer Nationalauflage von seinen Gütern beygetragen hätte.

Sind die Auflagen auf den Eingang der Waaren in die Stadt, auf den Verkauf der ersten Bedürfnisse, auf die Häuser, auf die Künste und Handwerke gelegt, wie sie es wirklich fast allerorten sind: so ist es eine sehr begreifliche Sache, wie der Fremde nach Maaß seines Verbrauchs unausweichlich mitsteuern müße.

Wären aber bey uns die Abgaben ganz auf den einzigen Gutsherrentheil der Ländereyen gelegt, dann ist der Weg des Ausgleichens in den Aufwandswandsmitteln, länger : allemal aber würde unser Fremder die Lebensmittel die er braucht, theurer zahlen, als wenn keine Abgabe darauf haftete; und alle Arbeit und Dienste die er wird müßen zahlen, werden in dem Verhältnis theurer seyn, als die Last des Feldes, woher die Stadtleute Unterhalt kriegen, größer seyn wird.

Daher glaube ich, daß, wenn ein Grundeigen= thümer ungeheurer Güter sehr wenig verzehrt, der Antheil Abgabe die er gezahlt haben wird, im Grun= de sehr klein seyn werde. Und so entrichtet der Fremde, der bey uns sich aufhält, seiner Nation sehr wenig. Daraus ist in einigen Staaten das Gesez entstanden, welches den Besizern liegender Güter das Außerhalbwohnen verbeut: Ein Gesez, das, wenn es einerseits das Weggehn des Geldes, und die Verminderung der Mitsteuernden verhütet, darum andrerseits auswärtige Familien nicht anlokt, sich im Lande niederzulassen, daselbst Güter zu kau= fen, und ihr Vermögen und ihre Emsigkeit dahin zu bringen.

B. Die,

B. Die, §. 2. gemeldeten, drey Fehler, die bey den Auflagen zu vermeiden ſind.

I. Erſter Fehler: Wenn die Auflage un= mittelbar auf die Armen fält.

§. 6. Dem Armen wird das Ausgleichen oder Wiederhereinbringen ſchwer.

Es ſcheint alſo beym erſten Anblike, weil die Abgaben ſich in den Verzehrungsmitteln auszuglei= chen ſtreben, ſo ſey es wilkürlich, welche Klaſſe vom Volke man wehlen wolle.   Aber, dies iſt nicht. Denn dieſe Ausgleichung, und dieſe Untertheilung der Abgabe iſt immer ein Zuſtand von Krieg zwiſchen Klaſſe und Klaſſe von Leuten.

Mus der Grundherr, und der Stadtbürger der Stammgüter hat, die Auflage vorſchießen, ſo macht ſich die Untertheilung auf das geringe Volk ſorgfäl= tig und mit wenig Anſtos: denn es iſt der Starke, der mit dem Schwachen rechnet.   Aber, fält die Auflage unmittelbar erſtes Wurfs auf die Klaſſe des Schwachen; ſo wird die Unterthetlung geſchehen: allein, mit jener Langſamkeit, und mit jenen An= ſtößen, die ſich hervorthun müßen, wann der Schwa= che und Arme mit dem Reichen und Starken zu rechnen ſucht.   Dieſe Zwiſchenzeiten zwiſchen dem
Stos

Stoß und der Ruhe, sind die wichtigeren Crisen oder Entscheidungsanstrengungen in den Staaten; und sind bey jeder Veränderung der Auflagen wohl in Acht zu nehmen.

§. 7. Der Vorschus, und die Zeit bis zur Wiederhereinbringung, entkräftet den Armen, und macht ihm diese meistens unmöglich.

Die Zeit zwischen der Einziehung der Abgabe und der Hereinbringung, ist eine Zeit von Krieg, und von Hauptwechsel. Was ich sage von den Auflagen, das läßt sich von den Veränderungen in dem eußerlichen Werthe der Münzen sagen. In dieser Zwischenzeit zwischen dem vom Gesezgeber gegebnen Stoffe und dem Gleichgewichte, leidet jene mit der Auflage vorschusweis beladne Klasse von Menschen eine Last, die größer als ihre ordentlichen Kräfte ist. Je schwächer und ärmer die vorausbeladne Klasse seyn wird, desto mehr wird das Niederschlagen der Emsigkeit, oder das Weggehn der Einwohner zu befürchten seyn. Die erste Regel folglich zur Einrichtung der Auflagen, wird seyn: „ Sie niemals unmittelbar auf die Klasse der Armen fallen zu lassen. „

M 3 §. 8.

§. 8. Gute, und schlimme Seite der Kopfsteuer.

1. Man hat geglaubt, daß alle Abgaben zulezt auf eine Kopfsteuer hinauslaufen. Und auf diesen Saz hin hat man sich eingebildet, daß es die einfachste Form sey, jeden Einwohner gleich zu belegen. Man urtheilt so: Jeder Mensch gebraucht nach dem Maas seines größern Vermögens, Waaren und Dienste von einer größern Anzahl armer Bürger: welchen er nicht allein den für die Zeit, die sie für ihn anwendeten, gehörigen Unterhalt, sondern auch die zu dieser nemlichen Zeit verhältnismäßige Steuer, die sie entrichten musten, unausweichlich zahlen mus. Diesem zufolge ersezt sich die Kopfsteuer von selbst: und am Ende jedes Jahrs, wird Jedermann eine größere Abgabe nach dem Maas der größeren Gemächlichkeiten, die er genossen hat, bezahlt haben; und das Volk, das nichts besizt, wird ganz und gar entschädigt worden seyn.

2. Allein, dieser Schlus hat gegen sich die Zeit der Wiederhereinbringung, d. i. den Zeitraum, in welchem der Arme den Reichen bekriegen mus.

Zu diesem allen seze man die Feindseligkeit die so eine Auflage mit sich führt, und die verhaßte Knechtschaft, zu der sie den Menschen herabwürdigt. Denn, hat die Auflage entweder die liegenden Güter, oder

die

die Auflagen einzurichten 183

die Waaren eines Stadtwirths, zum Grunde: so ist
sie eine Handlung, die auf die Sache, und nicht
auf die Person, trift. Daher wird die Strafe we=
gen nicht gezahlter Abgabe, der Verlust, allerhöch=
stens, des Grundstüks oder der Waare seyn. Fält
aber die Schazung auf die Person, da wird der
Mensch selbst, es wird seine Freyheit, sein persön=
liches Daseyn, für die Abgabe verpfändet; und die
Armuth und die Unmacht wird angefochten und nie=
dergedrükt, von denjenigen Gesezen selbst, die doch
solten gemacht seyn, um sie aufzurichten und zu
vertheidigen.

Jeder abgelegenste Winkel des Lands, jede ar=
me Hütte muß von den Aufschreibern aufgesucht wer=
den. Hat die Familie eines armen Bauers die Zins=
münze nicht, so wird sie der unempfindliche Einzie=
her an Bettelstab bringen. Man wird die Beheber
die Haken, die Pflugschaaren mit Gewalt wegneh=
men sehn, und eine einfache, tugendhafte und arme
Familie wird ohne Erholung zu Grunde gerich=
tet seyn.

Dieses Bild muß wirklich werden, woimmer
die Auflage auf die Köpfe vertheilt ist. Woimmer
der Mensch bezahlt, und nicht der Besizer: da ist
an der Wurzel die bürgerliche Freyheit verlezt.
Die sitlichen Begriffe der Nation werden in
Gefahr seyn: weil beständige Beyspiele der öffent=

M 4 lichen

lichen Gewalt, an den Unſchuldigen ausgeübt,
dieſelben zerſtöhren werden.

Die Gewirbſamkeit wird an ihrer Wurzel an=
gefreſſen. Und nie wird die Nation einen Stos,
die jährliche Erzielung zu vergrößern, annehmen:
weil über dem Haupte der würde = und muthlos ge=
machten Erzieler die Peitſche der Geſeze ſchreklich
pfeift.

Zu dieſen Uebeln geſelt ſich ein anders. Nem=
lich die Behebungskoſten dieſer Auflage: zu deren
Einziehung, unter dieſer Geſtalt, Untereintreiber in
ſo großer Anzahl müßen gehalten werden, daß ſie
ſich alle Jahr vertheilen und jeden abgelegenſten
Wohnplaz aufſuchen können.

§. 9. Die Einziehungskoſten der Auflagen: dieſe ſind eine zweyfache Laſt für den Staat.

Die Einziehungskoſten der Schazung, ſind für
den Staat eine bloſe Beſchwerung. Aus zwey Ur=
ſachen.

Eine Urſach iſt: weil um ſo viel ſchwerer die
Laſt, wie jedermann ſieht, auf der ganzen Na=
tion iſt.

Die andre iſt: weil, um wie viel ſich die Be=
heber aller Arten vermehren, um ſo viel in dem
Staat eine Klaſſe von Leuten zunimt, welche ja
weder

weder Erzieler, noch Vermitler, sondern bloße Verzehrer, sind; und Verzehrer, die keine Güter besizen, die den Staat nicht vertheidigen: Leute folglich, die dem Staate blos da liegen.

Ihre Verrichtung, ihrer Natur nach feindlich,
ihre Gewohnheit, öffentliches Geld zu besorgen, machen sie noch dazu gewöhnlich zu Leuten von recht
schlimmen Sitten. Und folglich ist dieses eine Klasse
von Leuten, die immer mehr lästig, und möglichst
einzuschrenken, ist.

Die zweyte Regel, nach der sich die Auflagen
richten müßen, ist: „Diejenige Form zu wehlen,
die bey der Behebung die möglichkleinsten Kosten mache. „

§. 10. Besteurung der algemeinen Lebens-
mittel: diese ist eine mittelbare, und
sehr schädliche, Kopfsteuer.

Die Schazung trift unmittelbar die Klasse des
geringsten Volks, nicht allein in jeder augenschein-
lichen und offenbaren Kopfsteuer, sondern gleichfals
in jeder heimlichen und versteckten Kopfsteuer.

Eine solche ist, jede auf die Mittel der ersten
Nothdurft gelegte Abgabe. Und noch viel mehr,
wenn sich der Fürst ein Alleinrecht zueignete, sie
dem Volke zu verkaufen. — Da von solchen Gattungen der ersten Nothdurft, ein gleiches Theil un-

M 5   gefehr

gefehr von dem Armen ſowohl als dem Reichen verzehrt wird: ſo iſt es offenbar, daß, in Anſehung
ihrer Wirkung, eine ſolche Auflage zur Kopfſteuer wird.

§. 11. Unterſchied zwiſchen einer mittelba= ren und der unmittelbaren Kopf= ſteuer.

Gleichwohl, führt gleich dieſe ſtilſchweigende
Kopfſteuer auch den Streit zwiſchen dem Schwachen
und Starken, bey ihrer Ausgleichung mit ſich : In
der Ausführung iſt ſie doch nicht ſo verhaſſt und feind=
lich, wie die eigentliche Kopfſteuer. Indem da im=
mer bey dem Entrichtenden ein gewiſſer Freywille,
eine Ungezwungenheit iſt ; auch nicht das bloſe Da=
ſeyn des Menſchen, ſondern ſeine unentbehrlichen
Bedürfniſſe, der Kammer verhaftet ſind.

§. 12. Noch ſchlimmer iſt, eine Auflage auf den Kleinverkauf.

Auf die Klaſſe der ſchwächſten Bürger fält unmittelbar die Schazung, wenn ſie auf die kleinſten
Verkäufe beſonders gelegt wird.

In einigen Ländern ſteht es frey, mit gewiſ=
ſen Waaren von gemeinem Verbrauche in großen
Laſten zu handeln; aber nicht, davon im Kleinen zu
den täglichen Bedürfniſſen des geringſten Volks zu
ver=

verkaufen, ohne eine befondre Abgabe zu entrichten. Daraus erfolgt, daß die Aermften und Nothdürf= tigften, alzeit entblöft von Baarfchaft um fich auf einmal für ein paar Wochen mit Lebensmitteln zu verfehn, durch die kleinen Einkäufe für jeden Tag, oft die Waare bis noch einmal fo theuer zahlen müßen, als die Vermöglicheren fie zahlen.

Jedermann wird leicht fühlen, wie wenig menfchlich und gerecht eine fo befchafne Weife die Laft zu vertheilen, fey; und daß alle diefe Bürden, erftes Wurfs jenem Theil Menfchen der nichts be= fizet, aufgelegt, nur dienen den Fleis muthlos zu machen, und den arbeitfamften Theil der Nation zu verderben ; und daß es folglich Auflagen find, die fich immer fonftwie, mit Vortheil der Nation, werden untertheilen laffen.

II. Zweyter Fehler: Möglichkeit zu Mis= bräuchen bey der Einziehung.

§. 13. Erfter Misbrauch: „Ift die Ein= ziehung koftbar, fo entrichten die Un= terthanen ein Ziemliches mehr, als in die Staatskaffe komt. „

1. Oben fagte ich a), daß es der zweyte Feh= ler bey der Untertheilung der Auflagen fey: Wenn bey der Einziehung Misbrauch herrfche. Ein Mis=
brauch

brauch bey der Behebung der Auflagen wird es
seyn, wenn bey der Klasse von Menschen die bey den
Staatseinkünften angestelt sind, Uebermaas entwe=
der in der Zahl, oder in den Besoldungen herrschen
wird: weil, wie gesagt, diese Bürde auf die Nation
zurükfallen wird.

Die Aufgabe die man aufzulösen hat, so oft
von Auflagen die Rede ist, ist immer diese: „ Wie
man machen könne, daß zwischen der von den
Unterthanen gezahlten Gesamtsumme, und der
in die Staatskasse eingegangenen Gesamtsumme,
der möglichkleinste Unterschied sey; und zugleich
der Nation alle mögliche Freyheit gelassen
werde. „

a) S. §. 2.

§. 14. Zweyter Misbrauch: „ Wenn Wil= kühr bey der Behebung möglich ist. „

2. Ein Misbrauch bey der Behebung der Auf=
lagen wird es seyn, und ein höchstgroßer Misbrauch:
wenn dabey Raum für Wilkühr ist, und also die
Beheber nach Gefallen die einen frey lassen, die
andern beschweren können und der Schwache und
Ferne in der Nothwahl ist, entweder eine ungerecht
an ihm verübte Gewalt geduldig zu tragen, oder
aber einen Proceß gegen einen Mächtigen anzufan=
gen,

gen, dem die Einnahme der Abgaben aufgetragen ist,
der einen leichten Zugang zu den Gerichtshöfen hat.

So oft in der Geselschaft der Mensch mehr kan,
als das Gesez: niemals hoffe man da Gewirbsam=
keit. Diese herrscht nicht, wo nicht auf dem An=
gesicht der Nation die Sicherheit der Person, und
der Güter algemein verbreitet ist. Und nie wird
man sehn die Gewirbsamkeit einem Volke Leben ge=
ben, wenn sie nicht umschanzt von der bürgerlichen
Freyheit ist, durch welche jedes Glied der Geselschaft
so viel Schuz von dem geheiligten Ansehn der Ge=
seze bekomme, daß nie niemand ihm etwas von dem
Seinen ungestraft entreißen könne.

Daher ist die dritte Regel der Auflage: „ Sie
habe zum Fus deutliche, bestimte, unverlezliche
Vorschriften: unparteyisch gegen jeden Steuer=
pflichtigen zu beobachten. „

III. Dritter Fehler: „ Einschrenkung der jährlichen Erzielung. „

§. 15. Erste Einschrenkung: Waaren = und Wegzölle.

Der dritte Fehler bey Untertheilung der Aufla=
ge ist: Wenn sie straks dem Kreislaufe, oder aber
der Vergrößerung der jährlichen Ausfuhr entgegen=
steht; und, mit einem Wort, wenn sie sich derje=
nigen

nigen Verrichtung gegen die Stirne ſtelt , die es
heilſam iſt im Lande zu befördern, um die jährliche
Erzielung zu vermehren.

1. Jede Abgabe , die auf das Fördern der
Waaren von einem Ort im Lande nach einem andern gelegt iſt , thut, oben erwehnter Maaßen, dieſelbe Wirkung, wie wenn ſich ein Ort von dem andern phyſiſch entfernte. Sie arbeitet folglich , die
Händel und den Kreislauf zu vermindern.

Alle Abgaben, auf den Gebrauch der Straſſen,
und auf die Fracht gelegt, als: Weggeld, Abgabe
von den Laſtwagen, Gutkarren u. ſ. w. ſind von der
nemlichen Art, und wirken gleichfals, die Nation
zu verdünnen, und die Theile derſelben verinſelter,
und gemeinſchaftsloſer zu machen.

§. 16. Zweyte Einſchrenkung : Auflage auf Käufe und Verkäufe.

2. Eben ſo hindert den innern Umlauf jede auf
die Händel gelegte Auflage.   Denn , hindert ſie
wohl nicht unmittelbar das Verſenden: den ſchnel-
len Verkehr unter den Bürgern erſchlaft ſie doch,
mindert die Zahl der Käufe, ſchwächt den Kreislauf;
ſtrebt folglich , die jährliche Erzielung zu verkleinern.

Die vierte Regel wird demnach ſeyn: „Niemals die Abgabe ſo aufzulegen, daß ſie die Koſten

ſten der Verſendung von einem Ort im Lande
zum andern geradezu vergrößere; — Oder ſich
unmittelbar zwiſchen den Verkäufer und Käu=
fer ſtelle. „

§. 17. Dritte Einſchrenkung: Ein = und Ausgangsrechte.

3. Komt eine Auflage auf den Eingang der
rohen Materialien, die von dem Nationalfleis ver=
arbeitet werden; oder auf die Werkzeuge, die man
zur Waarenverfertigung braucht: ſo ſchwindet die
jährliche Erzielung der Manufacturen, wie jeder=
mann ſieht.

Eben ſo, wenn auf die Ausfuhr der inländi=
ſchen Fabrikwaaren Abgaben gelegt werden, ſo iſt
zu befürchten, ſie möchten in der Mitwerbung, we=
gen ihres zu hohen Preiſes, bey den Fremden nach=
ſtehn müſſen: es hätte denn die Vortreflichkeit der
Waaren eine Stuffe erreicht, daß ſie keine Mit=
werber haben können.

§. 18. Vierte Einſchrenkung: Steigen der Abgabe mit dem Steigen der Em= ſigkeit.

4. Wenn in dem Maas, als die Ländereyen
durch den Fleis im Werthe zunehmen; in dem
Maas,

Maas, als der Landbau sich über bisher verlassenes
Land ausdehnt; in dem Maas, als ein Handwerker
die Zahl der Weberstühle vermehrt; mit einem
Wort, wenn in dem Maas, als der Mensch sein
Loos durch Fleisesthätigkeit zu verbessern sucht, ihm
verhältnismäßig auf den Kopf eine Lastzulage zur
Abgabe, fallen wird: So steht diese Auflage dem
Fortschreiten des Gewerbfleißes straks entgegen; und
arbeitet geradezu, das Voranrüken der jährlichen
Erzielung aufzuhalten.

Daher die fünfte Regel: „Nie mus man
machen, daß die Auflage dem Fortschreiten der
Emsigkeit auf dem Fuße folge. „

§. 19. Fünfte, und sechste Einschrenkung: Auflage auf die Verehlichung. — Zu wenig Zahlungszieler.

5. Es thut nicht Noth zu erinnern, wie alle
auf die Verehlichung gelegte Abgaben, schädlich seyn:
denn sie sind ein schnurstrakes Hinderniß der Bevölkerung.

6. Ferner, bemerke man, wenn die Auflage ein
oder zweymal des Jahrs gezahlt, und entweder
nicht getheilt, oder in wenige Theile getheilt wird:
so wird erfolgen, daß bey Annäherung der Zah-
lungszeit, auf einmal eine beträchtliche Masse Geldes aus dem Kreislaufe gezogen wird, ja daß man
einige

einige Zeit vorher wird anfangen müßen sie zusam=
men zu bringen; und solchergestalt durch eine ange=
strengte Bewegung eine merkliche Menge algemeiner
Waare aus der Kreisbahn der Händel herauskom=
men, und die Munterkeit des Verkehrs sich erschlaf=
fen wird.

Um deswillen: „ In je mehrere und kleine=
re Zahlungen sich die Abgabe wird theilen lassen,
desto gleichförmiger wird sich die Bewegung
des Kreislaufs erhalten. „

---

31. Abschnit.

Unterschiedliches Aussehen der Auf=
lage.

§. 1. Erstes Aussehen: Aufgedekte oder
unverstelte Auflagen.

Ich habe, meines Erachtens, angedeutet, welches
die Form sey, nach der die Untertheilung der
Auflage, für die Nation schädlich werde. Laßt uns
kürzlich beobachten, unter was vor unterschiedlichen
Ansichten die Auflage sich dem Volke darstelle.

I. Einige sind aufgedekte Auflagen: Und so
ist jede Zahlung, die der Bürger an die Staatskasse
macht, ohne etwas unmittelbar dagegen zu bekom=
men.

N

men.   Dergleichen sind die Abgaben, die der Eigenthümer von seinen Ländereyen , der Kaufmann von
seinen Waaren , der Hausherr von seinem Hause,
der Reisende als Wegzol, und jeder Mensch in der
eigentlichen Kopfsteuer , zahlt.

§. 2. Zweyte Ansicht: Verdekte oder ver-
stelte Auflagen.

II. Andre sind verdekte Auflagen.   Von dieser Beschaffenheit ist der ausschliesliche Verkauf, den
der Regent vom Salz, oder Tabak , oder von was
sonst vor einer Sache , hat.   Denn, indem einer die
Auflage zahlt , bringt er eine Waare an sich : und
der Betrag der Auflage bleibt gleichsam mit dem
natürlichen Preis der Waare die man kauft, zusam-
mengeflossen und in ihm verborgen.   Von solcher
Gattung sind alle die Abgaben, die der Kaufmann
im Namen des Verzehrers , beym Einführen der
fremden Waaren ins Land , vorschos: Abgaben,
die der Käufer entrichtet, ohne es schier gewahr zu
werden , weil sie mit dem Preis der Waare ver-
mengt sind.

§. 3.

§. 3. Dritte, und vierte Gestalt: Gezwungene, und freywillige Auflagen. Unter den lezteren, sonderlich die Lotterien.

In zwey andre Gestalten theilen sich, in den Augen der Nation, die Auflagen ein: die einen sind gezwungene, die andern freywillige.

III. Gezwungene, sind die auf den Grundgütern, den Köpfen, den Häusern ꝛc. weil es nicht in des Bürgers Freyheit steht, sich davon auszunehmen, wofern er in seinem Stande bleiben will.

IV. Freywillige aber sind, oder scheinen wenigstens so, die Abgaben, denen sich der Mensch aus eigner Wahl unterwirft, um ein Gut zu gewinnen.

Die allererste unter den freywilligen, ist die Auflage durch Lotterien. Ich rede nicht von allen Gattungen Lotterien ohne Unterschied. Viele gibt es deren, die auf ein gleiches Verhältnis zwischen dem Vortheil und dem Wagen gegründet sind; andre werden zu Gegenständen des öffentlichen Nuzens verwendet.

Allein, etliche Lotterien verdeken eine solche Ungerechtigkeit, daß, wenn diese Gattung von Auflage nicht durch Ueberlieferung des verflossenen Jahrhunderts auf uns gekommen wäre, so gros die Menschlichkeit ist die gegenwärtig in Europa herrscht, solche Schritte die algemeine Vernunft gemacht hat, die

Vereinigung zwischen dem öffentlichen Nuzen und der landesväterlichen Fürsorge auch für das geringste Volk so lichthelle erkant wird: daß ich mich getraue zu glauben, daß das Project dazu würde verworfen werden, wenn es izund zuerst vorgelegt würde.

Das ehrwürdige Ansehn der Geseze, als welche bestimt sind über die Gerechtigkeit der Verträge zu wachen, würde nicht wollen so tief erniedrigt seyn, daß es an die leichtgläubigen Bürger eine hinderlistige Einladung thun solte, zu einem dergestalt verführerischen und verlezenden Vertrag, daß er von den Gesezen selbst würde zerrissen werden, sobald er zwischen Privatmann und Privatmann, mit weit kleinerer Ungleichheit, gemacht würde.

Das geringere Volk, welches überhaupt kein tiefschauender Rechenmeister ist, noch jemals seyn kan, wird hindergangen, durch riesenmäßige und eingebildete Hofnungen eines eußerst schweren Glüks: welchem die ärmsten Familien des Lands das Bette, die Kleider des Weibs und der Kinder aufopfern, und sich in das eußerste Elend und in Verzweyflung bringen.

Aberglauben, Kirchenraub, Diebstäle, Verkaufung des Leibs, und alle Laster und Schanden gedeyen durch diese Klasse freywilliger Abgabe: für die man den tugendhaftesten Mann des Staats, den Vater des Volks, den Gesezgeber manchmal der Character der Verführung anziehen machte! Ich
wie

wiederhole es, nicht von allen Lotterien ohne Un=
terschied rede ich; ich rede einzig von jenen, die den
ärmsten Pöbel zu einem allerungleichesten Contract
herlofen: deffen Ungerechtigkeit Entfezen machen
würde, wenn die Verwiklung der Berechnung, und
der Nebel wovon das innere höchste Unverhältnis die=
fes Wagespiels umringt ist, den Obrigkeiten leicht
durchdringbar wäre.

Ich sage also, daß diese Klasse von Auflagen,
wenn auch freywillig, würde auf andre Weise un=
schädlicher unter die Nation vertheilt werden; und
nun so leichter, als dieses niemals einer der Haupt=
kanäle für die Kasse ist.

---

32. Abschnit.

Auf welche Klasse von Menschen, es dienlich sey, die Auflage zu vertheilen.

A. Grundsäze zur Auflösung diser Frage.

§. 1. Nicht die Klasse der Armen.

Welches wird demnach die Weise seyn, die öf=
fentlichen Lasten, mit wenigerem Nachtheil
des Volks, unterzutheilen? Aus den fünf oben fest=

gesez=

gesezten Regeln fließt die Auflösung dieser Aufgabe.

I. Diejenige Auflage wird weniger schädlich für den Staat seyn, welche die Klasse der Armen nicht unmittelbar treffen wird; diejenige, deren Behebung die wenigst kostbare; und der Willkühr am wenigsten unterworfen, seyn wird; diejenige, die nicht unmittelbar die Kosten des innern Waarenförderns vergrößert, noch sich zwischen den Verkäufer und den Käufer stelt; und die im Zunehmen nicht alzu nahe dem Wachsthum der Emsigkeit folgt.

§. 2. Die möglich kleinste Anzahl.

II. Besser oben ward erwehnt, daß die Auflage alzeit ein Gesez ist, das bey den Menschen ein Bestreben antrift es zu hindergehn. Immer wird also die Auflage sicherer seyn, wenn sie eine kleinere Anzahl von Menschen unmittelbar treffen wird. Zween Vortheile werden dabey seyn: Ein Vortheil, daß man auf eine kleinere Zahl von Schuldnern das Auge wird halten dürfen. Der andre Vortheil wird seyn, daß man weniger Kosten bey der Einziehung haben wird: weil ihre Kosten desto geringer sind, je kleiner die Zahl der unmittelbaren Entrichtenben ist.

B. An=

B. Anwendung dieser Grundsäze.

I. Algemeine Auflösung der Aufgabe.

§. 3. Die Eigenthümer taugen am besten zur unmittelbaren Entrichtung der Auflage.

Dieses festgesezt, welches ist unter den Gliedern des Staats die Klasse, die am unschädlichsten ausgewehlt werden kan, um von ihr die Auflage zu empfangen? Die Klasse der Besizer. Besizer nenne ich diejenigen, die in ihrer Gewalt und Eigenthum entweder Grundgüter haben, oder Häuser, oder Kaufmannsgut, oder algemeine Waare, auf Zinse in öffentliche oder Privatbanken gegeben.

II. Gründe für diesen Saz.

§. 4. Er ist gerecht, überhaupt.

1. Alle diese vier Gattungen von Besizern, würde die Gerechtigkeit wollen, daß sie gleichförmig nach Maasgab ihres Eigenthums alle Lasten der Nation unmittelbar trügen. Denn, von der Nation erhalten sie nicht allein den Schuz des persönlichen Eigenthums, den jeder Mensch geniest; sondern sie erhalten überdies den Schuz des Sacheigenthums. Und da, wer keine Güter besizt, der Kasse nichts

geben

geben kan: so fordert Vernunft und Billigkeit, daß
die Kaffe einen Theil der jährlichen Erzielung aus
den Händen derjenigen empfange, welche allein sie
besizen.

§. 5. Besonders, in Betracht der Aus-gleichung.

2. Man hat bereits zuvörderst gesehn, welches
die ausdehnende Kraft der Abgaben sey, und wie
die Besizer suchen würden sich zu erholen, und dazu auch die Nichtbesizer mitbeytragen zu lassen:
mittelst eines angespantern und thätigern Fleißes,
welcher das einzige Stammgut ist, durch welches
die Nichtbesizer ihr Theil der Auflage tragen können.

§. 6. Und in Betracht der Kräfte zum Vorschus.

3. Ferner sind die Besizer die einzige Klasse,
die den Vorschus der Abgabe thun kan. Weil sie
allein das Vermögen dazu haben; und auch sie allein die Ausgleichung mit größter Geschwindigkeit
machen, und nach Maasgab der Verzehrungen eines jeden die öffentlichen Lasten herum vertheilen
können.

III. Be-

III. Beleuchtung und Leuterung dieser Gründe; und dadurch Vorbereitung zur nähern Auflösung der Aufgabe.

§. 7. Höchste Genauigkeit ist nicht möglich, weder in der Steuerverfassung, noch überhaupt in bürgerlichen Anstalten.

Ich sagte, daß die Gerechtigkeit es würde wollen, daß die vier Gattungen von Besitzern ohne Unterschied gleichförmig zahlen solten. Oftmals aber in Staatssachen, wil es die Nothwendigkeit, daß man von der strengen geometrischen Genauigkeit abweiche; und von dem großen Feind des Guten, dem anscheinenden Bessern, sich entfernt halte a). Es ist die Rede, nicht eben davon, jede Unebenheit, noch alle Theilungerechtigkeit zu vermelden: immer hat die Auflage etwas davon; Darauf komt es an, die minderen Unbequemlichkeiten zu wehlen, und weiter nicht b).

a) S. 3. Abschnitt. §. 5.
b) S. 24. Abschnitt. §. 4.

§. 8. Untauglichkeit der Kapitalien = oder Geldzinsensteuer.

Die Besizer der, entweder bey Bürgern oder in den öffentlichen Banken angelegten, algemeinen Waare: wie würden Sie zu den Abgaben beytragen?

Ju den öffentlichen Banken, wäre die Ausführung leicht: aber, warum ihnen eine Zinse zahlen, und sie hernach vermindern? Ungleich einfacher wäre es, die Zinse auf die anderswo gemeldete Weise zu vermindern a).

Die bey Privatleuten erworbenen Zinsen, wie könten sie zu Register gebracht werden? Sol man jeden verpflichten, seine Schulden zu offenbahren? Daduch würde man, mittelst eines verhafftesten Gesezes, alle denjenigen nicht kleinen Theil von Circulation, der sich einzig durch Hülfe der Meynung macht, vermindern; folglich würde die Emsigkeit erschlaft werden. — Wil man auf den freywilligen Anzeigen fußen, so wird das steuerbare Kapital sehr mäßig herauskommen; und die Aufrichtigkeit wird gestraft seyn. — Wil man sich durch Belohnung der Anbringer helfen, um die nicht angezeigten Zinsen herauszubringen? Mißtrauen, Argwohn wird sich im Volke verbreiten; und die Nationalsitte wird in dem Kern angestekt werden.

Welch ein Cataster wird doch das von den Darlehen seyn? Jeden Monat, jeden Tag veränderlich, und

und allezeit von schwankender Größe. — Dazu seze man die Kosten der großen Menge von Untereintreibern, die man haben muß, damit sie stets hinder diesen unbeständigen Theilgrößen her seyn, und sie aufschreiben: Und es wird sich finden, daß die Theilungerechtigkeit, diese Gattung Besizer frey zu lassen, und ihr Theil einer andern Gattung aufzuladen, ein kleiner Uebel ist, als sich in dieses Chaos beträchtlichster Unordnungen zu vertiefen.

a) S. 15. Abschnit.

33. Abschnit.

Ob es gut sey, den Grundgütern alle Lasten aufzuladen.

A. Solche Gründe für die einzige Grundabgabe, die sie mit der Grundsteuer überhaupt gemein hat.

§. 1. Sie beobachtet die fünf Regeln der Auflage.

Steuerbar bleiben also die Akergründe, die Häuser, und die Waaren.

Es fehlt seit einiger Zeit nicht an gründlich geschriebnen Werken über die Auflage: worin mit
die

vieler Beſtimtheit behauptet wird, daß dieſelbe · gänz-
lich auf die Landgüter fallen ſolle; und daß man die
Akergründe als die einzigen ſteuerbaren Güter des
Staats anſehn müße.

I. Dieſe Form die Auflage unterzutheilen, ſtimt
volkommen ein mit den oben feſtgeſezten fünf Regeln. Denn, nie fiele ſie ſtraks auf die Armen; Die
Behebung wäre von ſehr wenig Koſten; Sie hätte einen unverlezlichen Fus, der alle Wilkühr abſchnitte;
Nie käme ſie dazwiſchen, den Kreislauf zu unter-
brechen; Nie nicht würde ſie das Zunehmen der Emſigkeit ſtrafen, nur daß neu beurbartes Land durch ein
Geſez auf eine beſtimte Anzahl Jahre abgabefrey gelaſſen würde.

§. 2. Die Grundſteuer iſt die einfacheſte.

II. Eine einfachere Weiſe kan es nicht geben,
wie dieſe. Eine algemeine Schäzung aller Grundgüter des Staats würde das Cataſter hervorbringen, nach welchem die Auflage untergetheilt wird.

Jedes Jahr könte man wiſſen, welche Summe
die Kammer nöthig habe; wie viel Ausgaben von
dem Lande zu machen ſeyn, um die gemeinen Werke, die Straſſen, die Brüken, die Dämme ꝛc. zu
unterhalten (Ausgaben, die es alzeit gut iſt algemein unter die ganze und nie an eine Ortsgeſelſchaft
zu vertheilen); wie viel die neuen Werke betragen
möch-

möchten, um die Kanäle und die Flüße, diese För=
derungsmittel der Emsigkeit, wodurch die Dörfer,
Städte rc. einander genähert werden, schifbar zu
machen. Alle diese Landausgaben, vereinigt mit der
Kammer ihren, würden die Summe ausmachen, die
auf alle in dem Cataster verzeichnete Grundstüke zu
legen wäre. Und so würde, nach einer leichten Be=
rechnung, bekant gemacht, wie viel von jedem Tha=
ler des Betrags der Grundgüter zu entrichten sey.

Jedes Dorf, jeder Feldban hätte sein Provin=
zialcataster, mit der Totalsumme der Thaler, zu
welchen seine Markung angeschlagen ist, und mit dem
besondern Einzelverzeichniß der von Jedem besessenen
Summe: daher, mittelst eines einfachen Edicts, je=
der Besizer wissen würde, wann die Zeit verfalle,
und wie viel er Auflage zahlen müße.

Jedes Dorf hätte einen eignen Einnehmer, der
in die Kasse der Provinz auf das bestimte Ziel die
bestimte Summe zu liefern hätte. Manchmal wür=
de der Einnehmer die Summe im Namen eines Be=
sizers müßen vorschießen: gegen welchen er den vor=
rechtlichsten Verfuz an den steuerpflichtigen Grund=
gütern haben müste, und von dem er eine Nuzung
des vorgeschossenen Geldes, zwar von dem Geseze
bestimt, jedoch höher als die landläufige Zinse, zu
beziehen hätte.

Die Kassen der Provinzen würden alsdenn die
Abgabe verwalten, entweder durch Einlieferung an
die

die Hauptkasse, oder wie sie sonst Anweisung von der Kammer erhielten.

Eine dergleichen Einrichtung, die Lasten auf die Landwirthschaft unterzutheilen, ist mit Vortheil wirklich gemacht worden.

B. Gründe dagegen. Woraus folgt: daß neben der Grundsteuer, auch eine Auflage auf die Stadtwirthschaft nöthig sey.

§. 3. Die Einführung der einzigen Grund= oder Territorialabgabe, würde, wie= wohl nur Anfangs, den Preis und den Werth der Grund= güter erniedrigen.

I. Wahr ist es, würden alle Lasten des Staats allein auf die Ländereyen, d. i. auf den Grundherrn= theil derselben, gelegt: die gegenwärtigen Besizer würden diese Last weiter, fühlen. Wenn sie aber, mittelst Gutkaufs, auf einen neuen Besizer komt: dieser würde sie nicht mehr empfinden. Denn beym Verkauf der Landgüter sucht der Käufer sein Kapital zu so viel vom hundert anzulegen; und bey Ueber= schlagung des jährlichen Grundertrags, rechnet er blos den, nach Abzug aller Abgaben und jährlichen

Bau=

Baukosten, rein in Kasse bleibenden Grundherrntheil. Welchemnach diese Art von Auflage, mit dem Fortgange der Zeit, den Besizern zu keiner Beschwerung gereichen, und wie zu einer Passivservitut des Guts, die in der Kaufhandlung überschlägen ist, werden würde.

§. 4. Den Grundgütern alle Staatslast aufzulegen, wäre unbillig.

II. Allein, die gesamte Bürde der Auflagen der Klasse der einzigen Grundbesizer zuzutheilen, scheint mir nicht volkommen gerecht zu seyn. Denn auch die Besizer der Waaren, sind Besizer die vom Staat einen gleichen Schuz für ihr Sacheigenthum erhalten; und folglich, gleicherweis nach dem Verhältnis des Vermögens, ein Theil von der Last der Landesverfassung tragen sollen.

Ist die jährliche Erzielung die wahre Quelle des Nationalreichthums; und besteht diese jährliche Erzielung theils aus den Grunderzeugnissen und andern Nuzungen des Landes, theils aus den Manufacturerzeugnissen: so wird es einerley seyn, ob einer reich ist, weil er vielmehr die einen, als die andern besizt. Und wenn die Gerechtigkeit sagt, man solle machen, daß die Besizer nach Maas ihres Vermögens zu den Abgaben beytragen: so scheint es mir offenbar, daß der Waarenbesizer ein Theil der Last tragen mus eben wie der Landbesizer.

§. 5.

§. 5. Der Feldbau wird verlaßen.

III. Wird dem Handelsmanne völlige Abga=
befreyheit gegeben, und dem Landbesizer die ganze
Last aufgelegt: so wird der Fleis der Menschen sich
mehr zu den Manufacturen wenden, als zu dem
Akerbau; und es wird Gefahr seyn, der leztere möch=
te die Uebel jener Auflage erfahren, deren Mangel
ursprünglich in dem Unverhältnis zu den Kräften
der Entrichtenden ligt.

§. 6. Die Hereinbringung einer solchen Grundsteuer ist unmöglich.

IV. Auch wird der Landbesizer niemals die
drükende Abgabe, die auf ihn gelegt ist, können auf
die Nation übertragen, sobald sie die Grunderzeug=
nisse auch von dem Auslande bekommen kan. Denn,
sobald der Landbesizer durch höhern Verkauf des Ge=
treides, des Weins, des Oels rc. so ihm seine Gü=
ter tragen, sich erholen wolte: so könte er eine ge=
wisse Stuffe nicht übersteigen, sonst würde der Han=
delsmann die nemlichen Bedürfnisse aus andern Län=
dern einführen, und den Grundbesizer nöthigen
abzuschlagen.

Man bemerke hiebey, daß vielmehr, wenn der
Staat mit einem fruchtreichen Lande, und wo die
Grundabgabe leicht wäre, zusammengrenzte, alle

aus=

ausländische Grunderzeugnisse, wenn sie ohne Abga=
be eingingen, den Vorzug haben würden: woferne
nicht der inländische Güterbesizer den Preis der in=
ländischen Grundfeilschaften auf jener ihren herab=
sezte. Und also würde die auf die Ländereyen neuer=
dings gelegte Auflage, doppelt auf sie fallen durch
eine beständige Verminderung des Vermögens des
Landbesizers, sowohl in seinem jährlichen Einkom=
men, als auch in dem Preise des Guts, wenn er
es verkaufen wolte.

In einem ausgebreiteten und großen Staate
wird sich dieses Uebel nicht spühren lassen, außer
gegen die Grenzen. In einer weniger ausgedehn=
ten Gesellschaft aber, wird der Schade zu einem je=
den Theil fortgehn, und bis zu dem Mittelpuncte
dringen.

C. Prüfung derjenigen Gründe für die ein= zige Grundabgabe, die ihr eigen sind.

I. Die Gründe selbst.

§. 7. Der Grundbesizer trägt mittelbar alle Abgaben.

1. Alle die Abgaben, die vom Bauer in der
Kleidung, und der Speise, und dem Handel und
Wandel gezahlt werden, und unter was immer vor

O   einer

einer andern Gestalt er sie zahlen mag: im Grun=
de bezahlt sie der Eigenthümer des Guts. Dieses
ist augenscheinlich. Denn von dem jährlichen Er=
trag der Felder müßen die Baukosten, der Unter=
halt des Bauers, und alle vom Bauer bezahlte Auf=
lage, vorausgezogen werden: der Rest wird der
Gutsherrntheil seyn. Und, wird dem Bauer alle
Schazung abgenommen, so wird um so viel der
Gutsherrntheil größer werden. Folglich fält des
Bauers Abgabe auf den Gutsherrn.

Daselbe sage ich von den Auflagen, die je=
der Bedienter bezahlt, der von dem Grundherrn sei=
nen Lohn hat. Denn einer der nichts anders auf
dieser Welt denn seinen Lohn besizt, der nimt davon
die Auflagen zu bezahlen.

Um so viel demnach könte sich der Grundeigen=
thümer in dem Bauerntheil erleichtern, um wie viel
der Herrentheil beschwert wäre; und um so viel eben=
fals der Herr in den Löhnen der Bedienten sich er=
leichtern, um wie viel sie in der Verzehrung erleich=
tert wären; und der Mannfacturant nicht weniger
um so viel den Lohn des Handarbeiters vermindern,
um wie viel dieser erleichtert wäre.

Wird man so weit also den Herrentheil des Land=
besizers mit allen den Abgaben, die von den Bau=
ern, und den Lohnleuten bezahlt wurden, beladen:
So wird nicht durch diese Handlung zwo herr=
liche Absichten erlangt haben: gewisser nemlich und
defect=

defectfreyer das Einkommen der Kammer zu ma=
chen; und den Grundeigenthümer selbst, die Bauern,
und die Lohnleute der Wilkühr und der größern Ko=
sten bey der Behebung der alten Auflagen zu über=
heben.

II. Prüfung dieser Gründe.

§. 8. Die gesamte Abgabenlast wäre für die Grundgüter zu schwer.

1. Allein, von einer Nation, nimt man an,
lebe der fünfte Theil in den Städten. Und wiewohl
dieses Verhältnis, behauptet von einem Schriftstel=
ler, der unter den ersten über diese Gegenstände
nachdachte, von einem engländischen Weltweisen ist
bestritten worden: in der Erfahrung wird es sich
doch überhaupt wahr befinden.

Von den vier Fünftheilen der Nation, die au=
ßer den Städten wohnen, ist ein merklicher Theil,
der nicht von dem Akerbau lebt, sondern von Ge=
werben.

Von dem Theil, der in den Städten lebt, sind
die Landbesizer, und ihre Leute gewis nicht der grö=
ßere Theil. Es ist daselbst eine ansehnliche Klasse
von Bürgern, lauter Waarenbesizer; und eine Men=
ge Lohnleute, die zu ihnen gehören. Und die ganze
Summe von Auflage, die wirklich von den Waaren=

D 2   besizern

befizern und ihren Lohnleuten bezahlt wird, die würs
de eine Summe von Steuerzuwachs seyn, die auf
die Ländereyen fallen würde, mit alzugroßer Bes
schwerung für die Eigenthümer, und zu physischer
oder unmittelbarer, und wesentlicher oder mittelbas
rer Verminderung ihres Vermögens, in dem Ertras
ge nemlich und in dem Stammwerthe.

§. 9. Höchstwahrscheinlich, würde von itzt gedachtem Nachtheil der vorhin gemel= dete Vortheil überwogen.

2. Wäre alle Auflage auf den Ländereyen, so
ists hinwieder wahr, daß der Grundeigenthümer in
seinem eignen Aufwand, als Kost, Kleidung, Pracht,
Geräthe, Libereyen, Pferden und ihrer Unterhals
tung ꝛc. eine Erleichterung erhielte: weil er so viel
weniger für diese Gegenstände würde ausgeben dürs
fen, als der Betrag war von der Auflage die sie
trugen, von deren Behebungskosten, und von der
Wilführ der sie unterworfen war.

Aber dieser Vortheil, wird er sich lassen gegen
den Lastzusaz wägen, der auf den Gutsherrntheil
fallen würde? Er wird aufgewogen werden, wenn
der Abschnit an den Behebungskosten wird der Auf=
lage gleich seyn, die von allen den Unterthanen, wels
che keine Gutsbesizer, keine Lohnleute derselben, kei=
ne Bauern sind, bezahlet ward.

34. Abschnit.

Von der Auflage auf die Waaren.

§. 1. Der Nuzen von der Gewerbsleitung mittelst der Zölle, ginge durch die Einzige Grundabgabe verloren.

Ueberdies ist zu bedenken, daß, sobald alle Abgaben auf die Grundgüter untergetheilt würden, die Wohlthat gänzlich verloren ginge, die der Staat durch einen gut verfaßten Tarif erhalten könte, welcher die Abgabe von den Waaren, sowohl bey dem Ein= als Ausgange, einrichtete.

Auflage auf die Waaren thut den Dienst, die miteifernde Nation zu entfernen. So wie die Begünstigungen den Dienst thun, uns den andern Nationen in demjenigen Theile zu nähern, in welchem es der Vortheil der jährlichen Erzielung erheischt. — Eine Auflage auf die Ausfuhr eines rohen Materials, kan, durch Verursachung seiner Verarbeitung, ein sehr starker Sporn werden, den jährlichen Ertrag zu vermehren. Eine Auflage auf eine auswärtige Waare, kan einer gleichen inländischen Verfertigung emporhelfen. Ich wil mich über diese Anfangsgründe, die von unterschiedlichen Schriftstellern deutlich entwikelt sind, nicht ausbreiten.

O 3   Die

Die Richtung, die man dem Gewerbsfleiße
mittelſt des Tarifs zum voraus geben; der merkliche
Wachsthum der jährlichen Erzielung, den man durch
eine kluge Waarenauflage bewirken, kan: ſind Vor=
theile von ſolcher Weſentlichkeit, daß ich glaube,
daß ſie das Beſchwerliche der Behebungskoſten bey
weitem überwiegen.

§. 2. Jedoch bleibt zwiſchen den Aus= und Eingangszöllen, und einem Aus= und Einfuhrverboth, ein weſentlicher Unterſchied.

Ein weislich ausgedachter Tarif, und eine auf
die Waaren mit Einſicht gelegte Abgabe, iſt, wie
ich glaube, dem Staate höchſtdienlich.   Niemals
aber iſt es, glaube ich, nützlich, die Ausfuhr irgend
eines rohen Materials zu verbiethen: wiewohl es,
meines Erachtens, nützlich iſt, dieſer Ausfuhr eine
Abgabe aufzulegen.   Der Grund davon iſt bereits
anderswo angedeutet worden: Geſeze nemlich, wel=
che die Ausfuhr verbiethen und feſſeln, würdigen den
Preis herab, indem ſie gleich zum ſchönen Anfang
die ganze Anzahl der ausländiſchen Käufer vor der
Stirne der einheimiſchen Verkäufer wegnehmen. Des
rohen Erzeugniſſes Preis herabgewürdigt: da muß
nothwendig deſſen Anbau abnehmen, und es wird in
etlicher wenigen Monopoliſten Hände fallen; welche

wer=

werden die Nation sich nicht einmal des Ueberflusses dieses Materials erfreuen lassen, wovon ich weiter oben gesprochen habe a). Dahingegen eine vorsichtig darauf gelegte Abgabe die Wirkung hat, den fremden Käufer zwar zu entfernen; aber aus schließt sie ihn nicht, auch wird keinem Monopol Plaz gemacht hervorzukeimen.

a) S. 8. Abschnit.

§. 3. Gesichtspuncte bey Einführung der Waarenabgabe.

Wegen Anordnung hernach dieser Auflage auf die Waaren, ist zu beobachten: daß, je mehr die Waaren groskörpericht und von Werthe sind, desto mehr die Auflage vergrößert werden könne; und je kleiner ihr Körper oder ihr Werth ist, desto leichter die Auflage seyn müße. Und dieses, weil, je leichter der Betrug, und je mehr Vortheil bey dessen Begehung, ist, derselbe desto mehr begangen wird; und weil die natürliche Strafe des Schleichhandels, der Verlust der Schleichwaare ist.

§. 4. Eußerliche, und innerliche Einrichtung des Tarifs.

Der Tarif müste ein einfaches Wörterbuch, kurzgefaßt und im Taschenformate, seyn; wo sich

nach dem Alphabet alle zolbare Waaren befänden,
gegenüber mit der Summe, die von jeder Waare
zu zahlen ist, in zween Fällen: wann sie eingeht,
oder wann sie ausgeht. Bloser Durchgang solte
frey gelassen seyn. — Einige Waaren zahlen nach
Maas, andre nach Gewicht, andre nach Zahl
oder Stük, andre nach Schäzung des Hauptwerths.

Der Tarif müste dem Gebrauche der Handel=
schaft folgen, und nach jenem Maas tariren, nach
welchem sich insgemein die Händel machen. — Nach
Schäzung des Werths müsten jene Waaren tarirt
werden, die man beym Handel weder wiegt, noch
mißt: weil bey dieser Gattung von Waaren ein ho=
her Unterschied in dem Hauptwerthe ist, selbst zwi=
schen zwey Sachen, die einerley Namen haben
werden.

Endlich, alles innere Verführen müste völlig
frey seyn; und in allen Theilen des Staats müste
die Auflage auf einerley Waare einförmig seyn.

§. 5. Erfolg von der Auflage auf die Waaren.

Solchergestalt würde das Ganze der Auflagen
von allen liegenden Gründen, und von allen in den
eußern Handel fallenden Waaren, getragen.

Daburch würden die Stadtwirthe die Abga=
belasten des Akerbaus um ein Theil erleichtern, die

Besi=

Besizer der algemeinen Waare würden willenfrey gelassen, sie, zur Vermehrung des jährlichen Ertrags, entweder in dem Akerbau oder in den Manufacturen anzulegen; und die Schazung wäre auf alle schazbare Besizer gelegt.

§. 6. Welchen Erfolg möchte eine algemeine Aufhebung der Waarenauflagen in Europa, haben?

Man hat die Frage gemacht: ob, wenn alle Nationen einig würden die Waarenabgaben aufzuheben, so daß jede Waare frey und ohne irgend eine Beschwerung in einem Staat ein und ausgehn könte: ob, sage ich, diese Anstalt algemein dienlich seyn, oder was vor Wirkungen sie hervorbringen würde? Wäre diese Uebereinkunft zwischen allen Mächten von Europa zu hoffen, so ist gar leicht vorauszusehn, welches die Folgen davon seyn würden. Nemlich, eben dieselben, die in einem Staat erwachsen, wenn er der Auflagen auf den innern Umlauf los wird. Nähern würden sich die Völker unter einander; vervielfältigen würden sich die Händel; ganz Europa durch sich die Gewirbsamkeit überhaupt, und die jährliche Erzielung, wiederbeleben; die Menschen sich größerer Bequemlichkeiten erfreuen. Die Macht der Staaten aber, das heist, das Verhältnis eines Staats zum andern, würde das nemliche verbleiben.

D 5

Ließe

Ließe sich eine so beglükte Uebereinkunft hoffen (zu einer Zeit, wo nicht einmal ein Vergleich ge= troffen ist, die Gewichte und Maaße zur algemeinen Einförmigkeit zu bringen: welches doch kein Opfer oder keinen Aufwand verursachen würde): Kein Mensch würde seyn, der einem so weisen und men= schenfreundlichen Gedanken widersprechen möchte, welcher dahin ginge, die Anzahl von Unseresgleichen zu vermehren, und für jedermann: die Bequemlich= keiten des Lebens zu vervielfältigen.

§. 7. Was kan ein Staat thun, solange dieses nicht geschieht?

Aber, so lange die andern Staaten Abgaben auf die Waaren legen, und sich anstrengen, die un= srigen von dem Verbrauch in ihren Grenzen zurük= zuhalten: So erheischt die Noth, daß wir hinwie= der ihnen die rohen Materialien, die sie von uns empfangen, theurer machen, und gleicherweis bey dem inneren Verbrauch die auswärtigen Waaren mit Abgabe belegen: damit die unsrigen so oft und stets als thunlich ist, den Vorzug haben. Thäte al= lein eine Nation dieses nicht, so sage ich, daß die= se die Uebel die von den Waarenabgaben können verursacht werden, in dem größten Nachdruk leiden, und dem Nuzen den man davon haben kan, würde entsagt haben.

35. Abschnit.

Weg, heilsame Verbesserungen in den Auflagen zu machen.

§. 1. Plözliche Hauptveränderung wäre gefährlich.

Wenig sind der Völker, wo die Auflage in dieser Einfachheit schon wäre, zwo einzige Behebungen zu haben: die eine von den liegenden Gründen, die andre von den Waaren.

Wie möchte wohl ein tüchtiger Finanzminister dieses verwikelte Nez von so vielen Auflagen, und Zöllen, und Monopolen, die einen Staat in allen Theilen durchkreuzen, und der Bürger ihre Unternehmungen binden: wie möchte er wohl können es aufknüpfen?

Die Auflage, der angelegensten und reizbarsten Theile einer an dem politischen Körper, kan nimmermehr mit Gewalt und Hastigkeit umgeschaffen werden. Die altväterischen Finanzverfassungen, sind alte Gemächte, rükweis aufgeführt, ohne daß ein anordnender Kopf den Riß dazu entworfen hätte; sind wakelnde Bäue, die sich durch Hülfe von Stüzen erhalten: und diese auf einmal alle wegrüken, wäre so viel als den Einsturz verursachen. Die höchste Vorsichtigkeit braucht es bey dem Handanlegen;

gen; und stuffenweis muß man vorfahren, und
mehr mit Versuchen als mit kühnen Unternehmun=
gen da heilen.

§. 2. Worin könte die stuffenweise Ver= besserung bestehn?

Ich seze, daß ein Minister wolle die Finanz zu
der Einfachheit bringen, weiter nicht als diese zwo
einzigen Auflagen, Waarenabgabe und Grund=
schazung, zu haben. Welches wird der Pfad seyn,
auf dem er schritweis wird können mit Sicherheit
zum Ziel eines so beglükten Vorhabens gelangen?

Zuerst wird er eine der minder beträchtlichen,
und verhaßteren Auflagen, die auf den Bauer fallen,
vornehmen, und zum Anfang diese abschaffen, und
dafür einen verhältnismäßigen Steuerzusaz auf die
Grundgüter legen. — Darauf wird er an eine
ähnliche Auflage, die von den Kunstarbeitern, oder
von den Zünften der Handwerker, oder von der Kauf=
mannschaft entrichtet wird, gehen, und an ihre
Stelle, nach einer gut überdachten Berechnung, eine
Erhöhung in dem Tarif sezen, entweder überhaupt
so viel dem hundert nach, oder besonders auf einige
Artikel, welche größere Abgaben zu ertragen fähiger
sind.

Hierauf wird er, bey wiederholtem wechsels=
weisen Wiederkommen bald zu den indirecten Aufla=

gen

gen des Akerbaus, bald von da zu den Waaren, immer stuffenweis theils dem Grundherrentheil des Landbesizers, theils dem Tarif zusezen.

Durch solches Weilen wird er selbst können die Folgen solcher Handlungen sehn, ohne jemals die gemeine Ruhe zu wagen: auf deren Kosten manchmal alzubeträchtliche Versuche unvorsichtig gemacht werden. Die Menschheit wil es nicht, daß man die Anatomie an den lebendigen Menschen lerne.

§. 3. Unterschied zwischen den heutigen und den vormaligen Regierungen.

Das Erforderliche zu jeder heilsamen Verbesserung, wird der Gesezgeber nüzlich vorbereiten, wenn er veranstaltet, daß die Nation über ihre wahren Vortheile aufgeklärt werde, und über die gemeine Wohlfahrt richtig denke.

Eine falsche Staatskunst herrschte im verwichenen Jahrhundert, und die Völker verarmten, und die Kammern versanken in Schulden, und die Fürsten verloren jene Stärke und Kraft, die sie in glüklicheren Zeiten wiedererlangt haben. Die Kunst ein Volk zu regieren, hieß damals die Kunst, die Leute unter dem Fus zu halten. Die Finsternisse des Staatsraths bedekten alle öffentliche Geschäfte. Die Bevölkerung, die Natur der Handelschaft, die Einkünfte eines Staats waren fremde Gegenstände, entweder

weder dunkel, oder dem, wer regierte, unbekant, oder von einem undurchbringlichen Schleyer zugedekt. Die Strasse der öffentlichen Bedienungen wurde nicht denn mit Mistrauen, und mit der Verstellung an der Seite, gegangen.

Der Himmel vergönt uns ein ziemlich unterschiednes Jahrhundert! Die Regierungen in Europa arbeiten um die Wette, die von jener falschen Staatskunst geerbten Uebel zu zerstöhren. Man kent, und man erklärt die Kunst ein Volk zu regieren, als diese: Es zur Wohlfahrt wieder zu beleben. Die von einigen überlegnen Geistern verkündigten Wahrheiten, haben sich algemein in Europa ausgebreitet. Sie stiegen zum Thron der wohlthätigen Regenten; die Köpfe wurden erschüttert, und durch das wechselsweise Reiben verbreitet sich dieses electrische Licht, welches die der gemeinen Wohlfahrt verwandten Gegenstände aufhellet. Gegenstände, unsers Nachdenkens gewis noch würdiger, als die abgezognen Wahrheiten, die Erscheinungen der Natur, und die Thaten des Alterthums: zu enge Grenzen, in die sich ehmals die Herrschaft der Vernunft hat einschrenken wollen!

§. 4 Nüzlichkeit des öffentlichen Unterrichts in den Regierungswissenschaften.

Beweis von dem was ich behaupte, sind die Schriften, die seit nicht lange bey allen Völkern,

in

in allen Sprachen über die öffentliche Haushaltung, die Handelschaft, die Landesregierung, die Aufla: gen erscheinen. Schriften, worin mit Sicherheit, und mit Freyheit die Verfasser in die Hände des Pub: licums jene Geheimniſſe brachten, von welchen es nur zu reden ein Hauptverbrechen geweſen wäre in andern Zeiten. Man hat unterſucht, und es zur Aufgabe gemacht, ob die Verordnungen und Geſeze über gewiße öffentliche Gegenſtände, nüzlich ſeyn oder nicht? Jedermann vom Volke kan ſich unter: richten, kan denken, kan ſeine Meynung haben; und den Schriftſtellern iſt kein Leid widerfahren; viel: mehr wurden viele derſelben belohnt, und nach ihren Werken der öffentlichen Bedienungen würdig geachtet.

Der kluge Miniſter wird daher bey dem Pub: licum die Begierde, ſich über die Gegenſtände von Finanz, und Wirthſchaft zu belehren, unterhalten; wird Lehrſtühle dazu gründen, auf daß, bey dem Unterrichte der Jugend, erleuchtete Männer ihr die wahren Triebfedern der öffentlichen Glükſeligkeit beybringen; wird freye Einfuhr den Werken über dieſen nüzlichen Inhalt, laſſen; wird die Preſſe frey laſſen, damit durch ſie jeder Bürger ſeine Gedan: ken über die öffentlichen Gegenſtände, anſtändig und gebrauchsmäßig eröfnen möge. Die Meynun: gen über dieſe Klaſſe von Gegenſtänden auf ſolche Weiſe durch einen freymüthigen Streit zu arbeitet: da brechen leicht herrliche Begriffe hervor, und

mit:

mitten unter Träumen, und Schwärmereyen keimen
zuzeiten die nüzlichsten Samen für die Wohlfahrt
des Staats.

§. 5. Je einsichtsvoller das Publicum, desto leichter die Regierung.

Je aufgeklärter das Publicum seyn wird, desto
mehr wird es ein gerechter Schäzer der Wohlthä-
tigkeiten, die vom Thron ausfließen, seyn. Geleh-
rig gegen die Vernunft, dankbar gegen die Vorsorge
der Regierung, wird ein unterrichtetes Volk nicht
jenes bösartige Rumoren hören lassen, das oft den
Minister erblassen macht, kaum daß er die Hand
ausstrekt, die alten Uebel einer Gesellschaft zu heilen. Die Sully, und die Colbert, wissen wir aus
den Geschichten, wie sehr sie haben viele Jahre hindurch kämpfen müßen.

§. 6. Je vernünftiger das Publicum ist, desto besser werden die Beamte; desto größer ist ihr Lohn bey dem Publicum.

Zu diesem seze ich, daß, je aufgeklärter das
Volk seyn wird, desto sicherer der Regent seyn
werde, daß die Beamte das Wohl des Volks schaffen. Denn die Obrigkeiten werden immer genöthigt
seyn,

seyn, sich mehr zu unterrichten, so wie die Auf=
klärung bey der Nation zunimt.   Und das Auge des
verständigen Publicums wird ein unabläßiger An=
trieb Gutes zu thun; und eine der süßesten Beloh=
nungen für den der es thut, wird der algemeine
Beyfal, seyn.

Die Aufklärung also, und die Wißbegierde
in den Vorwürfen der Finanz und Handelschaft
befördern, wird immer die allerbeste Vorberei=
tung seyn, die Verbesserungen anzufangen.

36. Abschnit.

Ob Auflagen an sich, nüzlich seyn, oder schädlich?

§. 1. Ob die Auflage den Fleiß vermehre?

Ist die Vertheilung der Auflage berichtiget, und
zur Einfachheit von zwey einzigen Quellen zu=
rükgeführt; dadurch der innere Kreislauf erleichtert;
das Waarenfördern frey gemacht, aufgelöst alle Fes=
sel des Fleißes; die Bürger dazu gelangt, daß sie
unter deutlichen, einfachen, menschlichen, unver=
lezlichen Gesezen leben; der Treue und Glauben
sichere Laufbahn, durch stets wachenden Schuz,

P   ver=

verschaft: So ist kein Zweyfel, daß man nicht wird
die Nation dem Wohl entgegen schreiten sehn.

Allein, man könte fragen, ob die Auflage,
gut untergetheilt, für den Nationalfleis nützlich sey,
oder nicht? Unterschiedliche Schriftsteller stimten für
das ja, gestüzt auf diesen Grund. Durch die Aufla=
ge haben die Leute weniger; folglich haben sie mehr
Bedürfnis, mithin einen neuen Stos zur Gewirb=
samkeit 1).

Diesem Urtheil kan, deucht mich, ein anders
entgegengesezt werden. Nemlich: die Abgabe ent=
zieht auf einige Zeit dem Kreislauf einen merklichen
Theil der algemeinen Waare; sie wird folglich den
Kreislauf vermindern, und mit ihm wird sie den
Fleis vermindern 2). Noch mehr, die Abgabe ist
eine Verminderung des von dem Fleis erworbnen
Nuzens: folglich werden die Menschen einen ver=
minderten Reiz fleißig zu seyn, haben 3).

Anmerk. 1) Armuth allein, macht nicht fleißig.
S. 1. Abschnit. Sondern Bedürfnis; Kent=
nis, und Empfindung desselben; Gewohnheit
des Fleißes, und seines brauchbaren wohlthä=
tigen Ertrags; Genus, und erwünschte Befrie=
digung des Bedürfnisses. Fleis erfordert, eh
er entstehen kan, Lust nach den Früchten des
Fleißes, und geübten Kopf und geübte Hand
zur Arbeit. Nie wird die Gewerbsteuer den
Wilden zum Manufacturanten machen.

Bleibt

Bleibt der Fleißige bey allem Fleiße doch arm, und genußlos: so hört der Fleis auf.

War man durch Fleis wohlhabend und glüklich geworden; und wird, durch Entziehung des Erworbnen, arm und genußlos: so wird man muthlos, verdrossen und faul.

2) S. 13. Abschnit, §. 3.

3) Ist die Abgabe mäßig, und erträglich; wird sie gut angewandt; läst die Staatskasse sie wieder in die Hand des Unterthans zurük und nicht vor das Land hinaus, circuliren: dann sieht der Unterthan ihren algemeinen Nuzen, und spührt ihn; lernt auch die Nothwendigkeit der Abgaben einsehn.

Durch solche Auflagen wird weder sein Fleis vermindert; noch sein Fleißesvermögen geschwächt; vielmehr seinem Fleiße, durch die gute Verwendung der Staatseinkünfte und durch die heilsamen gemeinen Anstalten, unzehlicherley Vorschub gethan, und sein Grund und Boden, wo er seinen Wirkungskreis hinsezen kan, gut zugerichtet.

§. 2. Ob die Abgabe den Wohlstand vermehre?

Einige denken, daß in den blühendsten Städten die gröſten Auflagen gezahlt werden, und schei

nen

nen fast diesen solchen Wohlstand zuzuschreiben: An=
stat, daß dieser Ursach ist, daß sich die schweren Ab=
gaben ohne Schaden ertragen.

Möchte manchmal in Staaten, die von einem
ausgebreiteten Gewerbsfleiße belebt sind, eine schlim=
me Anstalt nicht sichtbarlich üble Wirkungen zeugen:
so geschieht dies, weil die großen Massen, wo die
Materie recht fest und dicht ist, wenn sie einmal
durchhizet sind, die Wärme viel langsamer verlie=
ren. Je kleiner ein Staat ist, desto leichter ist es
beyde ihn wiederzubeleben, und ihn zum Verfal zu
führen. In dem Maas als die Massen von Men=
schen größer sind, braucht es mehr Zeit und Stoß,
sie in Bewegung beyde zum Wohl und zum Uebel
zu sezen.

§. 3. Was sonst die Noth bey dem Men=
schen wirkt, eben dieses sol auch die
Auflage wirken.

Verführend ist die Schilderung, die man ma=
chen kan um zu überreden, daß die Auflage ein
Gut sey. Laßt uns überhaupt die Völker der Erde
beobachten, wir werden sehn: daß die mildesten
Himmelsstriche, die von der Sonne befruchteteren
Länder, von Völkern bewohnt sind, welche arm,
ohne Thätigkeit sind, und kaum wissen was Erwer=
ben ist. Hingegen die undankbarsten Himmelsstriche,
bleï=

bleiben sie nicht unbewohnt, haben reiche Nationen,
und eußerstgewirbsame Völker. Es bedarf einer eu=
ßersthohen Kälte, auf daß der Mensch angenehme
Wohnungen erfinde, wo man eine lieblich lauliche
Luft bey der grösten Strenge des Winters athme.
Es bedarf des Meers, das emporsteht und herab
droht eine Nation zu versenken, auf daß daselbst die
fruchtbarsten Gärten von der Welt, Inbegriffe von
auswärtigen Sachen, aus den Feldern werden. Es
braucht einen Boden von naktem und öden Felsen, es
braucht die Bedrohung eines steten hungers, auf daß
eine Nation die reichste, und überfließendste weit
und breit, werde. Die despotische Stimme des Be=
dürfnisses sezt den Menschen in die Nothwahl, ent=
weder zu verderben, oder emsig zu seyn; und die
Gewohnheit ist eine in Lauf gebrachte Bewegung,
die immer über die Bedürfnisse hinausgeht; daher
regieren Ueppigkeit und Freude auf dem nemlichen
Boden, auf welchen die Natur den Tod hingepflanzt
hatte.

Die Auflagen thun die Wirkung der Unfrucht=
barkeit. Denn, wenn ein Feld, von zehen Men=
schen in einem fruchtbaren Lande gebaut, jährlichen
Ertrag dreyßig Menschen damit zu ernehren, bringt:
so werden dem Eigenthümer des Grundes die An=
theile zu zwanzig Menschen, die er wird können in
Lohn nehmen, übrig bleiben; und dieses wird sein
Einkommen seyn. In einem undankbaren Himmels=

striche,

striche, auf einem gleich großen Landstüke wird die
Arbeit von zehen Menschen Frucht geben, zwanzig
Menschen zu unterhalten: und da wird der Eigen=
thümer nicht weiter ziehen, als damit zehen Men=
schen zu ernehren. Kömt nun aber auf das frucht=
bare Landstük eine Auflage, für welche der Land=
eigenthümer die Helfte seines Einkommens zahlen
mus: so wird auch diesem Eigenthümer nicht wei=
ter, als zehen Menschen zu unterhalten, übrig blei=
ben. Die Wirkung folglich von der Grundabgabe,
ist in Betracht des Besizers, einerley mit der von
der ursprünglichen Unfruchtbarkeit des Bodens. Des=
wegen sagen etliche: wenn die ursprüngliche Un=
fruchtbarkeit den Menschen zur Emsigkeit treibt: so
wird man dieselbe Wirkung durch die künstliche,
mittelst der Auflage hervorgebrachte, Unfruchtbar=
keit erhalten.

Allein, diese Art zu schließen, besteht nicht:
weil ihr ein Umstand fehlt. Die unveränderlichen
Grenzen der Natur sieht der Mensch leichter, als
die veränderlichen und schwankenden der Meynungen
dessen, der ihn regiert. Eine lange Erfahrung,
durch Ueberlieferung fortgeerbt, lehrt ihn einsehn,
was er vor physische Hindernisse übersteigen müße,
um fortzufahren auf jenem Erdreiche zu leben, das
zwar unfruchtbar ist, aber seine Vorliebe besizt,
weil er da geboren ist. Er mißt seine Kräfte gegen
das Hindernis, weis daß er mit solcher Größe von

Arbeit

Arbeit es werde zwingen können, und hernach in
Sicherheit sich der Frucht seiner Mühe erfreuen werde. Aber, wenn die Unfruchtbarkeit künstlich ist,
da sieht der Mensch ein verhaßtes Hinderniß: das
sich vergrößern kan, in dem Maas, wie seine An-
strengungen es zu bezwingen, steigen werden. Der
Mensch wird durch die Last die ihm aufgelegt wird,
zaghaft, vermindert das Vertrauen zu dem der sein
Schiksal leitet, und sinkt in Unempfindlichkeit.

§. 4. Abgabefreyheit an und für sich be-
trachtet, wäre eine handgreifliche
Wohlthat.

Ich glaube daher, daß eine Abgabe überhaupt,
alzeit eine Gewerbsverminderung sey; blos eine und
andre Abgabe ausgenommen, die entweder auf den
Aus- oder den Eingang dieser und jener Waare zu
rechter Zeit gelegt wird: in welchem Falle sie von
wirklicher Hülfe für den Gewerbsfleis seyn kan.

Um einzusehn, daß die Auflage überhaupt eine
Gewerbsverminderung sey, laßt uns zu jenen Grund-
säzen zurükgehn, von welchen sonstwo etwas ange-
deutet worden ist a). Wenn bey einer Nation keine
Auflage gezahlt würde, und daselbst die erforderliche
Regimentsverfassung wäre, die Gesellschaft unter
Sich in Ordnung zu erhalten: sobald eine auswärti-
ge Nation gegen jene ungerecht wäre, oder einzu-

P 4   fallen

fallen drohte, so thäte es Noth, daß ein Theil der
Nation den Akerbau, und die Werkstätte verließe,
sich unter Waffen stelte, und zur gemeinen Vertheidigung herbeyeilte; da indes der andre Theil der
Nation mit der jährlichen Erzielung beschäftiget
bliebe; wovon er beyde sich selbst, und seine Vertheidiger unterhielte.

Bey diesem angenomnen Falle läßt sich nicht
zweyfeln, daß nicht das Nationalgewerbe, und die
jährliche Erzielung vermindert würden; um so viel,
als viel der Aerme ist, die den Akerbau, und die
Werkstätte, der gemeinen Vertheidigung halben,
verlassen hätten.

Stat dessen, stat im Erforderungsfalle die
Aerme dem Akerbau, und den Werkstätten wegzu-
nehmen, werden Menschen besoldet, die berufshal-
ben sich einzig der Vertheidigung des Staats wei-
hen; und, anstat unmittelbar den Theil der, zum
Unterhalt der Vertheidiger nöthigen, Lebensmittel
und Waaren zu liefern, vertauschen die Eigenthümer
dieser und jener sie für algemeine Waare, und stellen sie der Staatskasse zu, um die Vertheidiger zu
unterhalten. — Der Erfolg wird daher in dem einen wie in dem andern Falle einerley seyn: das Gewerbe nemlich würde weit größer, und größer würde die jährliche Erzielung seyn, wenn das Luftpro-
ject, alle Auflagen abzuschaffen, ausführbar wäre,
gleichwie der sinnloseste und grausamste unter den

Men-

Menschen, die je den Thron Augusts entehrt haben, solches dem Senat zu Rom vorschlagen durfte.

a) S. 29. Abschnit.

§. 5. Mittel von Seiten der Behebung, die Auflage unschädlicher zu machen.

Immer wird die Auflage so viel unnachtheiliger seyn, je behender sie aus den Händen des Entrichtenden in die Steuerkasse, und aus dieser zu den Besoldeten, oder zu den öffentlichen Werken, kommen wird. Weil alsdenn, wiewohl einem Theil der kreisslaufenden Waare eine gezwungene Bewegung ist gegeben worden, dieselbe doch, nach möglich kleinster Zwischenzeit, in den Handel und Wandel zurükkehren wird, die Käufe zu vermehren. — Und desto unnachtheiliger wird die Auflage seyn, wenn sie in dem Orte selbst, der sie entrichtet, ausgegeben wird; und je mehr sie sich, beym Ausgehn aus der Staatskasse, in viele Hände vertheilen wird.

37. Abschnit.

Von dem Geiste der Finanz, und der öffentlichen Wirthschaft.

§. 1. Die Finanzgeseze müßen unmittelbar, die von der Staatswirthschaft mit= telbar, wirken.

Eine Anmerkung, wehrt gemacht zu werden, ist folgende. Daß nemlich die Grundsäze, die den Finanzminister bewegen müßen, großentheils unterschieden von den Grundsäzen sind, welche einen Minister der Staatswirthschaft bewegen müßen. Die Geseze der Finanz sind die schlimsten, wenn sie indirect oder mittelbar sind; die Geseze der Staats= wirthschaft hingegen sind die schlimsten, wenn sie directe oder unmittelbare Geseze sind. Ich will mich erklären. Wil man in der Finanz eine Ab= gabe durch ein mittelbares Gesez beheben, z. B. al= len Bürgern eine Handlung verbiethen, nicht eben weil man sie in der That zu verhindern sucht, son= dern auf daß sie die Befreyung sie thun zu dürfen, kaufen, (dergleichen Geseze es in vielen Ländern gibt): so sage ich, daß diese mittelbare Auflage die Nation weit mehr, als die Staatskasse daraus zieht, kosten, und vielmal die Verkäuflichkeit, die Beste= chung, und eine Zeitzersplitterung durch Amtsver=

rich=

richtungen , einführen wird. Daher , wenn das
Finanzgesez freyheraus und geradezu die Entrichtung
einer verhältnißmäßigen Summe von dem steuerba-
ren Gute, verordnete: so wäre die Auflage viel natürlicher, und ruhiger angelegt. Man untersuche
alle Fälle, wo die Auflage mittelbar ist, und man
wird finden, daß die vielen Schriftsteller Recht haben, welche diese Form immer fehlerhaft finden.

Die Finanz muß alzeit unter Augen, und mit
Einfachheit gehen, die Abgabe von den Pflichtigen
zu fordern. Sie strebt gerades Wegs nach ihrem Ziel.

§. 2. Die Finanz befiehlt und zwingt; durch Zwang und Befehl verderbt die Staatswirthschaft alles.

Die Staatswirthschaft hingegen muß alzeit
durch Umwege gehn. Die Finanz hat zur Absicht,
die Nation bey der Untertheilung der Auflage so wenig als möglich zu binden. Die Staatswirthschaft
hat zur Absicht, die jährliche Erzielung auf die möglich höchste Stuffe zu erhöhen. — Bey der Finanz
brauchts mehr Befehl und Thätigkeit. Bey der
Staatswirthschaft brauchts mehr Feinheit, und mehr
Scharfsinnigkeit. Einige Beyspiele werden viele
Begriffe mit deutlichen Umrissen darstellen.

Man

Man ſeze, daß man wünſche die Bevölkerung
des Staats zu vergrößern; den Anbau über die ver-
laſſenen Erdſtriche auszubreiten, die Landesfrüchte
zu vervolkomnen. Da ſage ich, daß dieſe nüzlichen
Gedanken eine Nation verderben würden, wenn
man ſie durch unmittelbare Geſeze betriebe; und
wenn der Geſezgeber anſtat Einladung, und Leitung, ſich der Gewalt, und des Befehls bediente.
Unmittelbare Geſeze, z. B. wären es: das Aus-
wandern verbiethen; und jeden Bürger, der zwanzig Jahre erreicht hat, zum Heurathen nöthigen.
Den Gemeinden befehlen, alles Land ihres Bannes
in Bau zu bringen. Die Weiſe gebiethen, wonach
die Seide, das Oel, der Wein von den eignen Gütern, bereitet werden müße. Entvölkerung, und
Verwüſtung des Landes, würden die Folgen von
dieſen unmittelbaren und bindenden Geſezen ſeyn.
Das Wegziehn würde zunehmen, weil es dem Menſchen weniger gefält da zu wohnen, wo er gezwungen iſt, als wo er freywillig ſich aufhält. Die Ge-
fängniſſe würden vol von unglüklichen Bürgern ſeyn,
wegen, keiner andern Miſſethat, als daß ſie nicht
ein Mägdlein verrathen und ſie mit in ihr Elend ziehen wollen. Die Gemeinden würden gewafneten
Volſtrekungen ausgeſezet ſeyn, weil ſie jenes Land
nicht angebaut hatten, wozu die Aerme mangelten.
Die Häſcher und die Hefe der Menſchen würden in
die Freyſtat der häuslichen Wände einbrechen, um

wegen

wegen der Zubereitungsvorschriften nachzuspüren.
Bey dieser innerlichen Bewegung würde Verwir=
rung, Unordnung, Muthlosigkeit sich in alle Theile
verbreiten, und die gequälten Völker sich zu den Nach=
baren flüchten, ein neues Vaterland zu suchen, wo
sie das Leben ruhig hinbringen mögen: sicher, es,
so lang ihre Hände von aller Missethat werden rein
seyn, in Friede zu genießen.

§. 3. Die Staatswirthschaft reizt, und leitet.

Der vorsichtige Minister der Staatswirthschaft
wird umwegs nach diesem Ziele gehn. Durch Vor=
züge und Ehren wird er den Ehestand verehrungs=
würdig machen; die Emsigkeit wiederbeleben, durch
Abnehmung der Fesseln, durch Ebnung der Wege zu
ihr, durch Sicherung des Eigenthums, des kostbar=
sten Guts des gesellschaftlichen Menschen; Dadurch
daß er den Einwohnern eine innige Ueberzeugung
verschaft von der persönlichen Sicherheit, worin al=
lein die bürgerliche Freyheit besteht, wird er die Thä=
tigkeit der Menschen losbinden; mit einem Wort,
durch alle jene Mittel, die man gesehen hat, und
die das Zunehmen der Bevölkerung zur Folge haben,
wird sich der Anbau erweitern, werden die Künste
sich alle vervolkomnen.

38. Ab=

38. Abschnit.

Wie der erste Stos beschaffen seyn müße, der den Unordnungen abhelfen sol.

§. 1. Zur Handhabung wirklicher Geseze, ist wohl ein Collegium besser, als ein einziger Mann.

Man hat gesehn, welches die Triebfedern des Fleises seyn; welches die Anstöße, die seine Entwiklung verhindern. Darauf wurde bemerkt, auf welche Weise Minister eine wohlthätige Verbesserung in dem Staate möchten bewirken können.

Endlich ist übrig, daß ich etwas beyfüge, anzuzeigen, auf welche Art ich glaube daß die höchsten Gewalthaber des Schiksals der Geselschaft, den ersten Stos zu einer glüklichen Grundveränderung geben können.

Sind die Menschen Wesen, die umumschrenkt von der Gewohnheit beherrscht werden; machen die alten Gebräuche, und die Geseze, und die geerbten und von Kindauf eingesognen Sitten, die Vernunft des grösten Theils der Menschen aus: So bewährt sich dieses ganz besonders bey den Tribunalen. Welche, als unsterbliche, von den befolgten Meynun=

gen

gen höchstlangsam abzubringende Körper, als die besten Verwahrer derjenigen Geseze, und derjenigen
Landesverfassung, aus welchen die Ordnung entspringt, mit Mühe irgend eine Neuerung annehe-
men. Jedes neue Mitglied, so darein aufgenom-
men wird, mus sich schlechterdings nach dem gemeinen Ton zu denken stimmen; und je ehrwürdiger
das Tribunal in den Augen des Publicums ist, desto mehr wird jedes Glied, aus Empfindung des
Ruhms darein zu gehören, sich die Meynung des
ganzen Ordens lieb und eigen machen. Nie sah
man, daß eine Zunft mehrerer Männer, sizungs-
mäßig versammelt, hätte irgend eine Verbesserung
entweder ausführen, oder versuchen können.

§. 2. Hergang der Sizungen seines Col-
legiums.

Eine Jnnung mehrerer Männer wird sich
schwerlich von selbst einen gemeinschaftlichen Haupt-
grundsaz, auf den ihre Meynungen hinlaufen sollen,
erschaffen. Jedes Mitglied, es sey auch von der
geradesten und unparteyischten Gesinnung, hat immer seine Privatgesichtspuncte, von welchen es den
Gegenstand betrachtet. Und, gleichwie das Bey-
sammenseyn mehrerer in einer Sizung versammelter
Baumeister niemals ein regelmäßiges und gleich-
förmiges Ganzes von Ris herausbringen wird: also
wird

wird auch nicht, glaube ich, eine Versamlung von
Männern wie ein Gerichtshof oder Tribunal, je eine
geordnete Einrichtung zu einer Hauptverbesserung
entwerfen können. — Mischen sich erst noch die
Leidenschaften, die Feindschaften, die Vorneigungen,
die bisweilen durch menschliche Schwachheit in die
Gemüther kommen, mit in das Geschäft: so zerstreut
sich die Thätigkeit der angestelten Männer auf alles
andre, als auf die Gegenstände die den Dienst des
Regenten, d. i. das Wohl des Publicums, betref-
fen. Wovon wir die Beyspiele in den Geschichten
sehen, und die einheimischen Thatsachen vieler Staaten Zeugnis geben.

§. 3. Grundverbesserungen geschehen ge- meiniglich durch einzelne Männer.

Woimmer eine wesentliche Veränderung gemacht worden ist, woimmer mit einiger Behendig-
keit, und glüklichem Fortgange alte Unordnungen
ausgewurzelt worden sind: da wird man sehn, daß
dieses das Werk eines Einzigen war, der gegen viele
Privateigennuzen kämpfte; die, wenn sie solten einzeln nach der Mehrheit der Stimmen erwogen werden, anders nichts denn langwierige und saure Er-
müdungen verursachen würden. Ist es daher bey
allen den Sachen, wo es auf Volziehung der bereits gemachten Geseze ankömt, nüzlich, ja unum-
gäng-

gänglich, die Entscheidung von der Meynung mehrerer Männer abhängen zu laſſen: So glaube ich,
daß im Gegentheil da, wo es darauf ankömt,
Triebwerke zu errichten, und den Gang zu einem
beſtimten Ziel zu leiten, und dabey die Schwierigkeiten, die dazwiſchen kommen, und die ſich nie alle
vorausſehen laſſen, zu überſteigen, daß da die Noth
erfordere, daß dieſer Lauf, und dieſe Leitung von
einer einzigen bewegenden Kraft abhange. Volkommen ſo, wie die Dictatur bey den Römern in be-
denklichen Angelegenheiten glüklich gebraucht wurde;
die Anſtellung der Zehnmänner hingegen mit dem
verunglükten Ausgange, den wir wiſſen.

Sollen die beſondern Fälle nach Maasgab bereits eingeführter Geſeze entſchieden werden, ſo macht
gerade die Ungleichheit der menſchlichen Meynungen die Ungerechtigkeit ſchwer: denn die eine wird
durch die andre gemäßigt. Sol aber gehandelt
werden, und mit einem behenden, unaufhaltbaren,
und ſtets gleichförmigen Wirken auf Einen Zwek:
dies, glaube ich, darf man nicht von der Mehrheit
der Stimmen abhangen laſſen.

In der Landeshaushaltung alſo, inſonderheit
wenn ſie, durch Verbeſſerung der alten Misbräuche,
ſol zur Einfachheit zurükgebracht werden, iſt es er-
forderlich, einen Despotismus zu erſchaffen, der ſo
lang daure, bis man ein kluges Triebwerk
richtig im Gange hat.

Q   39. Ab-

39. Abschnit.

Character eines Finanzministers.

§. 1. Die Selenbildung und Denkungs-art desselben.

Stets die Menschen betrachten als gemacht für die Aemter; nie die Aemter, als für die Menschen. Jeder Gefälligkeit zu widerstehn wissen. Weder Vertraute, noch Schirmlinge, noch Freunde kennen. Die Dienste wägen, die der Mann der gewehlt wird, leisten kan; nicht die Person, die ihn vorschlägt. Jede besondre Empfindung zu Geboth haben, daß sie sich vernichtet, sobald die geheiligte Stimme der Pflicht sich hören läst. Bey diesem allen, ein menschenfreundliches und sanftes Wesen behalten, das dem Publicum die Art die Auflage zu verwalten, stets beliebter mache. Den guten Ausgang des Auftrags aufrichtig lieben, ohne Eifersucht, und mit unparteyischer Absicht auf das Wahre, und Nützliche. Wissen sich in die Zergliederungen einzulassen, ohne zugleich die Hauptäste, und das Ganze zu vergessen. Die Triebräder des Gewerbsfleises aus inniger Ueberzeugung kennen. Die Natur des Menschen, und der Geselschaft zergliedert haben. Aus einem Geiste von wahrer Menschenfreundschaft das

Wohl

Wohl der Menschen lieben.   Die Umstände des
Landes, in das er wirken sol, genau kennen.

Dieses möchten die Eigenschaften seyn, die ei=
nen volkommen Mann fürs Finanzwesen ausmach=
ten, welchem der Fürst die volle Gewalt, die um
eine gute Verfassung zu machen nothwendig ist, an=
vertrauen könte.   Aber, die Natur ist nicht ver=
schwenderisch mit ihren Geschenken.

§. 2. Was der Regent, während der Re= form, dabey zu thun habe.

Je größer die Anzahl erleuchteter Menschen in
der Nation seyn wird, desto größer wird die Wahr=
scheinlichkeit seyn, daß der Regent den Mann finde,
welcher der Gestalt, die von ihm gemacht ist,
gleiche.

Es ist unnöthig beyzufügen, wie nothwendig
es sey, ihn wohl beurtheilt, und versucht zu haben,
bevor ihm eine so ausgebreitete Gewalt, und ein so
großer Einflus in die Zufriedenheit des Volks, in
die Hand gegeben werde. — Es ist gleichfals un=
nöthig, daß ich sage, wie männlich und standhaft
der landesherrliche Schuz über diesen ausgewehlten
Mann seyn müße, gegen welchen Geschrey, und
Anklagen nicht ermangeln werden sich in allen Ge=
genden zu erheben.

Q 2   §. 3.

§. 3. Was nach volbrachter Reform.

Alles muß, in dem Zeitpunct der Reform, mit der größten Betriebsamkeit und Thätigkeit gehn: auf daß dieser Zeitpunct thunlichst kurz sey, und damit endige, daß eine regelmäßige, sanfte, und in nichts wilkürliche, Verfassung eingerichtet ist; und in diesem glüklichen Augenblik die Gewalt des Menschen aufhöre, und allein die Geseze wieder anfangen zu herrschen. Denn die Menschen sterben, und die Verfassungen bleiben: und man muß die Menschen so für die Aemter wehlen, wie wenn allein auf ihrer Tugend alles beruhen müste; und so die Verfassungen einrichten, wie wenn man nichts auf die Tugend der ausgewehlten Menschen zehlen dürfte.

Und gleichwie, mit Aufhörung der Noth, für die ein Dictator geschaffen ward, die Gewalt desselben, solange Rom glüklich war, sich vernichtete: eben so, nachdem die Nothwendigkeit in dem Staate aufgehört, wird die Verwaltung der nunmehr gereinigten, und einfach gemachten Finanz auch sich können einer Innung mehrerer Männer anvertrauen, als Verwahrern eines nun gemachten, und mit dem Nuzen der Nation übereinstimmenden, Gesezes.

Damit gedenke ich nicht zu behaupten, daß dieses gerade das einzige Mittel sey, wodurch eine verdorbne Finanzverfassung könne gereinigt werden: Vielleicht gibt es andre Mittel, von den andern be-

son-

sondern Umständen der Länder, und der Regierungen abhängig; ich will blos sagen, daß man beynah werde müßen die Bahn zum Wohl durch Mittel machen, die den von mir vorgelegten wenig ungleich seyn.

40. Abschnit.
Character eines Ministers der Staatswirthschaft.

Ich habe gesagt, welches die Eigenschaften eines Finanzministers seyn müßen. Aus dem was ich davon berührt habe, erscheint auch, was vor Gaben ein Minister der Staatswirthschaft haben müße.

Ueber alles mus er thätig im Niederreißen, eußerst behutsam im Aufbauen, seyn. Der größte Theil der Gegenstände womit er umgeht, weigert sich der Hand des Menschen. Die Anstöße zurükthun; Die Bande abschaffen; Dem Weteifer, Beselern der Erzielung, die Wege ebnen; Die bürgerliche Freyheit vergrößern; Ein geräumiges Feld dem Fleise lassen; Die Klasse der Erzieler vornehmlich durch gute Geseze schüzen, auf daß der Akermann oder der Handwerker nicht die Uebermacht des

Q 3   Rei=

Reichen fürchten; Einen leichten, ungesäumten, und uneigennüzigen Gang dem Rechte der Händel versichern; Den Kredit des Handels erweitern, durch niemalige Ungestraftheit des Betrugs; Mit Seelenruhe, und Festigkeit zu Gunsten der rechtverstandnen gemeinen Sache streiten: dieser Sache, die alzeit die Sache des Regenten ist; Nie am Wohl verzweyfeln, aber sein Kommen beschleunigen, durch Verbreitung der Keime der nüzlicheren Wahrheiten unter der Nation.

Diese, und keine anderen sind die Gegenstände, die einen tüchtigen Minister der Staatswirthschaft beschäftigen müßen: Das übrige ist nothwendig der Natur zu überlaßen.

Inhalt.

Inhalt.

5. Ab=

Inhalt.

Q 5 §. 5.

Inhalt.

Bringt

Inhalt.

§. 4.

Inhalt.

Inhalt.

Inhalt.

Inhalt.

§. 2.

Inhalt.

Inhalt.

Inhalt:

Inhalt.

R 2 §. 1.

Inhalt.

Schuld

Inhalt.

R 3 §. 10.

Inhalt.

32. Ab=

Inhalt.

§. 2,

Inhalt.

§. 5.

Inhalt.

§. 4.

Inhalt.

In der

Schwanischen Hofbuchhandlung

zu

Mannheim

find in der Michaelismesse 1784. und Ostermesse
1785. folgende Verlagsbücher erschienen.

Abbildung aller geistlichen und weltlichen Orden
mit ausgemahlten Kupfern 22 und 23tes Heft,
jedes 1 Rth. 8 gr. oder 2 fl. 24 kr.

Dictionnaire (nouveau), de la lanque Allemande &
Françoise, composé sur les Dictionnaires de Mr.
Adelung & de l'Academic Françoise par Chre-
tien Frederic Schwan. Tom. II. gr. 4to à
4 Rth. 16 gr. oder 8 fl. 15 kr. beyde Theile zusammen 9 Rth. 8 gr. oder 16 fl. 30 kr. (Der
Pränumerationspreis für diese beyde Theile war
1 Carolin in Gold, und bleibt es noch für diejenigen, welche auf die folgenden französisch deutschen Theile zugleich unterzeichnen.)

Ebersteins (Karls Frhrn. von) Abhandlung aus
dem teutschen Staatsrechte, von der Religions-
Eigenschaft sowohl der Wirkl= als Kuriat=Stim-
men auf teutschen Reichstägen 2c. gr. 8. à 12 gr.
oder 48 kr.

Mosers (des Frhrn von) patriotisches Archiv für
Deutschland mit Kupfern 1ter Band gr. 8. à
1 Rth. 12 gr. oder 2 fl. 15 kr.

Preis-

Preisschriften (drey gekrönte) über die Frage: welches sind die besten ausführbarsten Mittel dem Kindermord abzuhelfen, ohne die Unzucht zu begünstigen? gr. 8. à 12 gr. oder 45 kr.

Ostermesse 1785.

Abbildung aller geistlichen und weltlichen Orden, mit ausgemalten Kupfern 24 und 25tes Heft jedes à 1 Rth. 8 gr. oder 2 fl. 24 kr.

Ephemerides Societatis meteorologicæ palatinæ, historia & observationes anni 1783. c. fig. 4to majori 1785.

Götz (Johann Nikolas) vermischte Gedichte, herausgegeben von C. W. Ramler 3 Theile mit des Verfassers Bildnis von Stnzenich. à 2 Rth. oder 3 fl.

Das Portrait besonders abgedruckt in Farben à 12 gr. oder 45 kr. roth und schwarz 6 gr. oder 24 kr.

May (Franz) Unterricht für Krankenwärter, neue uni 5 Bogen vermehrte Ausg. 8. à 20. oder 40 kr.

Mosers (des Frhrn v.) patriotisches Archiv für Deutschland 2ter Band mit dem Bildnis des Herrn Stadthalters von Dalberg in Erfurt gr. 8. à 1 Rth. 12 gr. oder 2 fl. 15 kr.

Ocahil (Hrn. Barons von) Geschichte der größten Heerführer neuer Zeiten, mit taktisch = geographischen Noten und Plans begleitet 2 Theile 8. jeder à 20 gr. oder 1 fl. 30. kr.

Röchlings (Joh. Gottfried) historisches und physicalisches Lesebuch den Anfängern der lateinischen
Spra=

Sprache gewidmet 8. à 12 gr. oder 48 kr. (wird
gleich nach der Messe fertig)

Schmidt (L. B. M.) ausführliche Tabellen über
die Polizey = Handlungs = und Finanzwissenschaft
8. à 18 gr. oder 1 fl. 12 kr.

Spieler (die) ein Original Schauspiel in 5 Aufzü=
gen von David Beil gr. 8. à 9 gr. oder 36 kr.

Thalia (die Rheinische) herausgegeben von Friede=
rich Schiller gr. 8. 1tes Stük à 16 gr. oder
1 fl. 12 kr.

Ueber die Mittel Diebstäle zu entdecken besonders in
Städten 8. à 5 gr. oder 20 kr.

Veri . (des Grafen von) Betrachtungen über die
Staatswirthschaft, von neuem aus dem italiäni=
schen übersezt, mit Anmerkungen und einer Abhand=
lung über Projecte begleitet von L. B. M. Schmidt
à 18 gr. oder 1 fl. 12 kr.

www.ingramcontent.com/pod-product-compliance
Lightning Source LLC
Chambersburg PA
CBHW021121270326
41929CB00009B/982